Das große Cocktail Buch

Die 150 leckersten Cocktails

Roza Garova

Cocktails

Auflage 2021

Vorwort

Herzlich willkommen zu diesem Cocktailbuch.

Trinken auch Sie gerne in einer tollen Bar oder an einem schönen Strand leckere und bunte Cocktails mit frischen Früchten garniert? Und wollten Sie schon öfter einmal selbst, z. B. für Ihren Partner oder für Ihre Freunde, solche schönen Cocktails machen?

Dann sind Sie in diesem Buch genau richtig! Denn hier erfahren Sie zuerst, was ein Cocktail überhaupt ist und was diesen so besonders macht. Zudem bekommen Sie an die Hand, welche Utensilien, Zutaten, Spirituosen und sonstige Dinge ein guter Barkeeper benötigt, um leckere Cocktails zu mixen und zu garnieren.

Natürlich finden Sie in diesem Buch auch 150 besondere und abwechslungsreiche Rezepte. Zum einen gibt es die Klassiker, wie z.B. den Pina Colada, und zum anderen gibt es sehr spezielle Cocktails, die etwas ganz Besonderes sind. Selbstverständlich benötigen Sie keine Vorkenntnisse und jeder kann ganz einfach mit diesem Buch zum Profi werden. Fangen Sie einfach an und probieren Sie sich aus. Ganz viel Spaß beim Mixen der ersten eigenen Cocktails.

Prost!

INHALT

Einleitung in die Welt der Cocktails

WAS IST EIN COCKTAIL UND WO KOMMT DIESER ÜBERHAUPT HER?

Cocktails sind in der Regel alkoholische Mischgetränke, die typischerweise in einem Shaker zubereitet werden. Das Getränk wird dann in einem passenden Glas schön angerichtet und sofort serviert. Viele Cocktails sind mit besonderen Namen versehen und einige sind sogar international.

Das Wort „Cocktail“ entstand um 1800 und beschrieb damals ein Getränk, welches stimulierend war und aus Zucker, Spirituosen und Wasser bestand. Schon damals wurden die Cocktails gerne mit frischen Kräutern gewürzt. Die Bezeichnung stammt ursprünglich aus dem englischen Sprachraum.

WAS MACHT EINEN COCKTAIL EIGENTLICH ZU EINEM COCKTAIL?

Der Cocktail unterscheidet sich zu einem normalen Longdrink. Ein Longdrink besteht normalerweise aus zwei Zutaten – z. B. wird ein alkoholisches Getränk mit einem nicht-alkoholischen Getränk aufgefüllt. Ein Cocktail besteht allerding aus mindestens drei Zutaten. Bei einem Cocktail ist das Besondere, dass er gebaut wird, d. h. er wird geschüttelt und in der Regel nicht einfach nur in das Glas gefüllt. Am besten werden Cocktails auch in viel schöneren Gläsern serviert, die z. B. verziert sind. Alkoholfreie Cocktails werden übrigens Mocktails genannt.

WAS BENÖTIGT MAN, UM DIE BESTEN COCKTAILS SELBER ZU MACHEN?

Zuerst werden für die alkoholischen Cocktails natürlich Spirituosen benötigt. Am besten haben Sie folgende Spirituosen zu Hause: weißer Rum, brauner Rum, Gin, Bourbon, Brandy, Wodka oder Tequila. Dies sind die Spirituosen, die am meisten verwendet werden. Da ein Cocktail geschüttelt werden sollte, benötigen Sie im Idealfall einen Cocktailshaker. Natürlich können Sie auch einen normalen Mixer verwenden, aber der Profi verwendet eben einen Shaker.

Für die meisten Cocktails wird auch frischer Zitronen- oder Limettensaft benötigt. Von daher wäre auch eine gute Zitruspresse sinnvoll.

Weitere hilfreiche Produkte sind auch ein Rührglas, ein Messbecher, ein Sieb, Eiswürfelformen und ein Stößel. Für frische Cocktails sollten Sie immer frisches Obst, frische Kräuter, Flüssigkeit zum Auffüllen (z. B. Mineralwasser oder Ginger Ale), Zuckersirup und Eis oder Crushed Ice zu Hause haben.

Alkoholische Cocktails

ERFRISCHENDER MOJITO

Zutaten für 1 Glas:

5 cl weißer Rum
6 cl Soda zum Auffüllen
1 Limette
4 EL Crushed Ice
2 TL brauner Zucker
8 Blätter frische Minze

Zubereitung:

1. Waschen Sie zuerst die Limette und schneiden Sie die Enden davon ab. Anschließend die Limette in acht Stücke schneiden und gemeinsam mit dem Rohrzucker in ein passendes Glas geben. Dann die Minze hinzugeben.

2. Nun die Limette und die Minze etwas zerdrücken, sodass ein wenig Saft austritt. Die Limette sollte aber nicht zerquetscht werden!

3. Im Anschluss wird das Glas mit dem Crushed Ice gefüllt. Danach den weißen Rum dazugeben und den Rest mit Wasser auffüllen.

4. Garnieren Sie den fertigen Mojito nach Belieben noch mit Limettenscheiben oder etwas Minze.

RED RUSSIAN

Zutaten:

4 cl Wodka
25 ml Kirschlikör (z. B. Cherry Heering)
3 kleine Eiswürfel
1 Zweig frische Minze
1 Cocktailkirsche

Zubereitung:

1. Füllen Sie die kleinen Eiswürfel in ein Glas und geben Sie dann den Kirschlikör hinein.

2. Dann mit Wodka aufgießen und etwas mischen.

3. Nun eine Cocktailkirsche in das Glas geben und ein wenig mit der frischen Minze garnieren.

SOMMERLICHER MAI TAI

Zutaten für 1 Glas:

6 cl weißer oder brauner Rum
2 cl Cointreau
1 cl Limettensaft
1 cl Zuckersirup
1 cl Mandelsirup
1 Limette
Eiswürfel oder Crushed Ice

Zubereitung:

1. Zerkleinern Sie zuerst ein paar Eiswürfel oder verwenden Sie einfach Crushed Ice und füllen Sie es in ein Glas.

2. Danach wird die Limette in Viertel geschnitten und über dem Glas ausgedrückt. Die ausgedrückten Viertel dann mit zu dem Eis in das Glas geben.

3. Nehmen Sie sich einen Cocktail-Shaker, füllen Sie alle anderen Zutaten hinein und schütteln Sie diese kräftig.

4. Anschließend wird der fertige Cocktail in das Glas zu dem Eis gegeben und nach Belieben noch garniert.

FRUCHTIGER TEQUILA SUNRISE

Zutaten für 1 Glas:

4 cl Tequila
15 cl Orangensaft
1 cl Grenadine
Eiswürfel oder Crushed Ice

Zubereitung:

1. Geben Sie zunächst ein paar Eiswürfel oder etwas Crushed Ice in Ihr Glas.

2. Danach füllen Sie den Tequila und den Orangensaft dazu.

3. Anschließend die Grenadine vorsichtig mit einem Teelöffel am Rand in das Glas laufen lassen und dann ruhig mit einem kleinen Stab umrühren – dadurch bildet sich farblich ein schöner Sonnenaufgang.

4. Nach Wunsch noch etwas garnieren und sofort genießen.

SOUR LEMON APEROL

Zutaten für 1 Glas:

4 cl Gin
4 cl Aperol
2 cl Zitronensaft (von einer frischen Zitrone)
2 TL weißer Zucker
ein paar Eiswürfel

Zubereitung:

1. Füllen Sie alle Zutaten in einen Shaker und schütteln Sie alles kräftig durch.

2. Der fertige Cocktail wird am besten in Whiskey-Gläsern serviert.

3. Dekorieren Sie das kalte Getränk dann mit leckeren Zitronenscheiben.

LECKERER BANANEN-COCKTAIL AUS DER KARIBIK

Zutaten für 1 Glas:

eine halbe Banane
eine Handvoll Eis
4 cl Kokosmilch
3 cl Ananassaft
1 cl Grenadine
4 cl weißer Rum
Ananas und Banane zum Garnieren

Zubereitung:

1. Stellen Sie sich einen Mixer bereit. Füllen zuerst die Kokosmilch, den Ananassaft, die Grenadine und den weißen Rum hinein.

2. Anschließend wird die halbe kleingeschnittene Banane hinzugegeben. Dann alles gründlich mixen.

3. Füllen Sie dann das Eis in ein Glas und geben Sie den gemixten Cocktail darüber.

4. Nach Wunsch können Sie kleine Ananasstücke und Bananenscheiben auf einen Spieß stecken und den Cocktail damit dekorieren.

ERFRISCHENDER COCKTAIL MIT GIN UND GURKE

Zutaten für 1 Glas:

ein kleines Stück Salatgurke
4 cl Gin
1 cl Zuckersirup
2 cl St. Germain Holunderblütensirup
2 cl Zitronensaft
4 cl Apfelsaft
ein paar Eiswürfel

Zubereitung:

1. Nehmen Sie sich am besten einen Cocktail-Shaker. Anschließend werden die Gurke, der Zuckersirup und der Zitronensaft hineingegeben. Nun alles kräftig mixen.

2. Danach werden die restlichen Zutaten dazugegeben und alles nochmals kräftig geschüttelt.

3. Das fertige Getränk wird dann in ein größeres Glas geschüttet. Dekorieren Sie den Cocktail dann mit ein paar frischen Gurkenscheiben.

PFIRSICH-LIMONADEN-BOURBON-COCKTAIL

Zutaten für 1 Glas:

ein halber reifer Pfirsich
4 cl Bourbon
eine Handvoll Eis
12 cl italienische Zitronenlimonade oder Mineralwasser
Pfirsichspalten für die Dekoration

Zubereitung:

1. Schneiden Sie im ersten Schritt den Pfirsich in kleine Stücke und pürieren Sie diese mit einem Mixer sehr fein.

2. Das Pfirsichpüree dann in ein Glas geben und mit Bourbon vermischen. Anschließend verrühren.

3. Danach das Eis ins Glas geben und das Glas dann mit italienischer Zitronenlimonade auffüllen.

MARACUJA-WODKA-SAHNE-COCKTAIL

Zutaten für 5 Gläser:

350 ml Wodka
100 ml Sahne
50 g Zucker
1 Päckchen Vanillezucker
0,5 l Maracujasaft

Zubereitung:

1. Geben Sie zunächst den Wodka, den Zucker, die Sahne und den Vanillezucker zusammen und verrühren Sie alles gut.

2. Anschließend wird die Mischung mit dem Maracujasaft aufgefüllt.

3. Nach Belieben wird der Cocktail nun in eine Flasche oder direkt in Gläser gefüllt. Für die Aufbewahrung am besten einen kühlen Ort wählen.

EXOTIC THAI-COCKTAIL

Zutaten für 2 Gläser:

2 Passionsfrüchte
8 cl Wodka
250 ml Mangosaft
2 TL Maille Senf Mango und Thaigewürze
ein paar Eiswürfel
100 ml Mineralwasser

Zubereitung:

1. Halbieren Sie zunächst die Passionsfrüchte und kratzen Sie das Fruchtfleisch mit einem Löffel aus.

2. Geben Sie das Fruchtfleisch dann gemeinsam mit dem Wodka, dem Saft und dem Maillesenf in einen Cocktail-Shaker.

3. Füllen Sie noch Eis in den Shaker, dann verschließen und anschließend für 10 Sekunden ordentlich schütteln.

4. Geben Sie ein paar Eiswürfel in die Gläser und schütten Sie den Cocktail durch ein Sieb in die Gläser. Danach wird das exotische Getränk noch mit Mineralwasser aufgefüllt und einmal umgerührt. Nach Belieben mit exotischen Fruchtstückchen garnieren.

KÖSTLICHER EIERLIKÖR-COCKTAIL MIT MARACUJA

Zutaten für 1 Glas:

5 cl Eierlikör
2 cl weißer Rum
8 cl Maracujasaft
2 cl Maracujasirup
12 EL Crushed Ice
eine halbe Orangenschale

Zubereitung:

1. Zunächst den Eierlikör, den weißen Rum, den Maracujasirup und den Saft in einen Shaker geben. Das Crushed Ice noch hinzufügen und anschließend gut schütteln.

2. Gießen Sie die Mischung dann durch ein Sieb in ein großes Glas und füllen Sie dieses noch mit 6 EL Crushed Ice.

3. Abschließend mit einer halben Orangenscheibe dekorieren.

ERFRISCHENDER CUBA LIBRE

Zutaten für 1 Glas:

4 cl weißer Rum
15 cl Cola
eine halbe Limette

Zubereitung:

1. Waschen Sie die Limette und schneiden Sie sie dann in Viertel. Dann etwas über dem Glas auspressen und anschließend in das Glas geben.

2. Übergießen Sie die Limette mit dem Rum und füllen Sie den Cocktail mit der Cola auf. Nach Wahl noch etwas Crushed Ice oder ein paar Eiswürfel dazugeben, damit der Cocktail noch erfrischender wird.

SÜß-SÄUERLICHER CAIPIRINHA

Zutaten für 1 Glas:

6 cl Cachaca
2 TL brauner Rohrzucker
eine Limette
nach Wunsch etwas Limettensaft

Zubereitung:

1. Im ersten Schritt wird die Limette in Viertel geschnitten. Anschließend wird etwas Saft aus den Limetten in das Glas gepresst.

2. Die Limettenstückchen dann in das Glas geben und den Zucker dazugeben. Danach mit einem Stab vermischen. Füllen Sie das Glas mit dem Cachaca auf und geben Sie so viel Eis in das Glas, bis es voll ist. Nun noch einmal alles miteinander verrühren.

3. Falls die Limetten noch nicht genug Saft abgegeben haben, können Sie noch mehr Limettensaft dazugeben.

EDLER COCKTAIL MIT ROSÈ-GLÜHWEIN

Zutaten für 1 Glas:

1 Flasche Rosè-Wein
2 - 3 EL brauner Zucker
ein halber Apfel
2 Stangen Zimt
1 Vanilleschote
1 Sternanis

Zubereitung:

1. Geben Sie zunächst den Wein in einen Topf und erhitzen Sie diesen auf mittlerer Stufe.

2. Schneiden Sie den halben Apfel in ca. 1 cm dicke Scheiben.

3. Nehmen Sie sich anschließend einen Plätzchenausstecher in Form eines Sterns und stechen Sie Sterne aus dem Apfel aus.

4. Die Sterne dann mit in den Topf zum Wein geben.

5. Schneiden Sie nun die Vanilleschote auf. Sternanis, Zimt und die Vanilleschote gemeinsam zum Wein geben.

6. Je nach gewünschter Süße werden nun 2 - 3 EL brauner Kandiszucker dazugegeben. Bei lieblichem Wein benötigen Sie etwas weniger Zucker.

7. Der Glühwein darf nicht kochen, da dann der Alkohol verkocht und die Gewürze bitter werden können.

8. Lassen Sie den Wein noch etwas ziehen.

CREMIGER TROPICAL COLADA

Zutaten für 4 Gläser:

40 ml Myers Rum
30 ml Grand Marnier (Orangenlikör)
30 ml Batida de Coco (Kokosnusslikör)
70 ml Kokosnusscreme aus der Dose
80 ml Schlagsahne
50 ml ungesüßter Granatapfelsaft
15 ml Maracujasaft
15 ml Ananassaft
Crushed Ice
frische Ananas und Erdbeeren zum Garnieren

Zubereitung:

1. Füllen Sie alle Zutaten, bis auf das frische Obst, in einen Standmixer oder in einen Shaker. Mixen Sie dann alles ein paar Sekunden gut durch.

2. Füllen Sie nun vier Gläser mit Crushed Ice. Dann wird alles mit dem Cocktail aufgefüllt und anschließend mit frischer Ananas und Erdbeeren dekoriert.

FRUCHTIG-CREMIGER GIN-COCKTAIL

Zutaten für 1 Glas:

1 Pfirsich
60 ml Gin
40 ml Schlagsahne
Crushed Ice
10 ml Erdbeersirup
Erdbeeren zum Garnieren

Zubereitung:

1. Zunächst den Pfirsich waschen, halbieren und anschließend den Kern entfernen. Schneiden Sie das Fruchtfleisch in Würfel und pürieren Sie die Stückchen etwas.

2. Das Fruchtfleisch dann in einen Shaker geben und mit dem Gin und der Sahne gut durchschütteln.

3. Füllen Sie ein Glas mit ausreichend Crushed Ice und füllen Sie den Cocktail aus dem Shaker hinein. Anschließend mit dem Erdbeersirup beträufeln und mit der Erdbeere verzieren.

LECKERER ERDBEER-COLADA

Zutaten für 4 Gläser:

250 g Erdbeeren
240 ml Kokosmilch
120 g Sahne
320 ml Ananassaft
200 ml weißer Rum
2 Handvoll Crushed Ice

Zubereitung:

1. Zuerst werden die Erdbeeren gründlich gewaschen. Entfernen Sie das Grün und danach etwa 4 Erdbeeren für die Verzierung aufbewahren.

2. Geben Sie die anderen Erdbeeren in ein hohes Gefäß und pürieren Sie sie mit einem Pürierstab sehr fein.

3. Verteilen Sie im nächsten Schritt die Hälfte vom Crushed Ice auf die Cocktailgläser.

4. Die andere Hälfte wird zusammen mit der Kokosmilch, dem Rum, der Sahne und dem Ananassaft in einen Shaker gegeben. Dann ca. 20 Sekunden gründlich schütteln.

5. Den fertigen Cocktail in die Gläser gießen und das Erdbeerpüree vorsichtig in die Gläser gleiten lassen und etwas einrühren, sodass ein schöner Farbverlauf entsteht.

6. Jedes Glas anschließend mit einer Erdbeere dekorieren und sofort servieren.

BELEBENDER GREEN GIN

Zutaten für 2 Gläser:

ein halbes Bund Staudensellerie
2 Gurken
2 Zitronen
4 cl Gin
250 ml Sodawasser zum Aufgießen
etwas Eis nach Wunsch

Zubereitung:

1. Waschen Sie zuerst den Staudensellerie und entfernen Sie dann den Strunk.

2. Die Gurke waschen und die Enden abschneiden. Die Gurke anschließend halbieren und der Länge nach in Viertel schneiden. Nun vier Stangen für die Dekoration an die Seite legen.

3. Nehmen Sie sich einen Entsafter und geben Sie den Sellerie und die Gurke hinein.

4. Die Zitronen werden halbiert und anschließend ausgepresst. Nun den Zitronensaft mit dem Saft vermischen und danach in zwei große Gläser umfüllen.

5. Je 2 cl Gin dazugeben und abschließend mit Soda auffüllen. Nach Belieben mit den Gurken garnieren und etwas Eis dazugeben.

HERRLICH BUNTER COCKTAIL

Zutaten für 1 Glas:
1 cl Blue Curacao
3 cl Cachaca
2 cl Batida de Coco
1 cl Bananensirup
6 cl Orangensaft
5 cl Maracujasaft

Zubereitung:
1. Füllen Sie alle Zutaten, außer den Blue Curacao, in einen Shaker. Geben Sie noch Eiswürfel dazu und schütteln Sie alles kräftig durch.

2. Anschließend wird der Drink durch ein Sieb gekippt und in ein Longdrinkglas gefüllt. Geben Sie nach Belieben noch Eiswürfel dazu.

3. Nun wird der Blue Curacao mit einem kleinen Löffel vorsichtig dazugegeben. Servieren Sie den Cocktail mit einem Strohhalm und garnieren Sie ihn nach Belieben mit frischen exotischen Früchten.

LECKERER LIMETTEN-COCKTAIL MIT KOKOSMILCH

Zutaten für 1 Glas:

8 cl frische Kokosmilch
4 cl Cointreau
1 cl frischer Limettensaft
ein paar Eiswürfel
etwas Crushed Ice

Zubereitung:

1. Füllen Sie die Kokosmilch, 4 cl Cointreau und den frischen Saft in einen Shaker. Fügen Sie die Eiswürfel hinzu und schütteln Sie alles gut durch.

2. Nun durch ein feines Sieb in ein Glas füllen, welches bereits mit Crushed Ice gefüllt ist.

CREMIGER WHITE RUSSIAN

Zutaten für 1 Glas:

4 cl Wodka
2 cl Kaffeelikör
1 cl Sahne
ein paar Eiswürfel

Zubereitung:

1. Füllen Sie ein größeres Glas mit Eiswürfeln. Geben Sie dann Kaffeelikör und Wodka dazu.

2. Schütten Sie die Sahne in eine Schüssel und schlagen Sie sie auf.

3. Anschließend wird das Glas einfach mit der Sahne aufgefüllt.

BLACK PANTHER MIT ZITRONENLIMONADE

Zutaten für 1 Glas:

2 cl Grenadinesirup
etwas rosafarbener Hagelzucker
1 Drachenfrucht
55 ml Grenadinesirup
4 cl schwarzer Wodka
2 cl Blue Curacao Likör
100 ml Zitronenlimonade
4 cl Limettensaft
ein paar Eiswürfel

Zubereitung:

1. Füllen Sie einen flachen Teller mit einem Esslöffel Grenadine. Anschließend werden die Ränder vom Cocktailglas eingetaucht und auf einem anderen Teller im Hagelzucker gewälzt. Lassen Sie das Glas dann trocknen.

2. Halbieren Sie nun die Drachenfrucht und stechen Sie mit einem kleinen Löffel Kügelchen aus. Danach an die Seite stellen.

3. Für den Cocktail nun alle flüssigen Zutaten gemeinsam mit den Eiswürfeln in einen Shaker geben und gut schütteln.

4. Gießen Sie das gemixte Getränk dann in das vorbereitete Glas und servieren Sie es zusammen mit den Kugeln der Drachenfrucht.

LIEBLICHER ERDBEER-MARGARITA

Zutaten für 1 Glas:

2 cl Cointreau
2 cl Tequila
2 cl Zitronensaft
4 cl Erdbeersirup
6 frische oder gefrorene Erdbeeren
Crushed Ice oder Eiswürfel

Zubereitung:

1. Nehmen Sie sich einen Mixer, füllen Sie alle Zutaten hinein und mixen Sie alles solange, bis die Erdbeeren schön fein sind.

2. Nun wird ein Cocktail-Shaker verwendet. Füllen Sie Crushed Ice und die gemixten Zutaten hinein. Nochmals gut schütteln.

3. Anschließend den fertigen Cocktail in ein großes Glas geben und sofort servieren. Wenn Sie mögen, können Sie das Glas mit Erdbeeren dekorieren oder diese auf ein Stäbchen stecken.

FRUCHTIGER SEX ON THE BEACH

Zutaten für 1 Glas:

4 cl Wodka
2 cl Pfirsichlikör
2 cl Zitronensaft
1 cl Grenadine
4 cl Orangensaft
4 cl Ananassaft

Zubereitung:

1. Nehmen Sie sich einen Cocktail- Shaker und füllen Sie alle Zutaten hinein. Dann gründlich schütteln.

2. Verwenden Sie am besten ein größeres Glas für den Cocktail. Füllen Sie den gemixten Cocktail hinein und füllen Sie das Glas mit Eiswürfeln oder mit Crushed Ice auf.

HEIẞER APFEL-AMARETTO

Zutaten für 1 Glas:
200 ml Apfelsaft
150 ml Amaretto
200 ml Sahne
etwas Zimt

Zubereitung:
1. Füllen Sie die Schlagsahne in eine Schüssel und schlagen Sie diese steif. Geben Sie sie dann in einen Spritzbeutel.

2. Zunächst den Apfelsaft und den Amaretto in einen Kochtopf geben und erhitzen – nicht zum Kochen bringen!

3. Füllen Sie danach die Apfel-Amaretto-Mischung in ein großes Glas.

4. Geben Sie nun die Sahne mit dem Spritzbeutel darauf und bestreuen Sie das Getränk abschließend mit Zimt. Vor dem Trinken die Sahne etwas untermengen.

SPRITZIGE APEROL-LIMONADE

Zutaten für 1 Glas:

60 ml Aperol
20 ml Hibiskus-Sirup
20 ml Zitronensaft
Mineralwasser
ein paar Zitronenscheiben
ein paar Eiswürfel oder Crushed Ice

Zubereitung:

1. Geben Sie den Aperol, den Zitronensaft, den Hibiskus-Sirup und ein paar Eiswürfel in ein Glas.

2. Anschließend wird das Glas mit Wasser aufgefüllt.

3. Dekorieren Sie das leckere Getränk mit frisch geschnittenen Zitronenscheiben.

ORIGINELLER PURPLE SKY

Zutaten für 1 Glas:

Für den Zuckerrand am Glas:

30 g Zucker
Lebensmittelfarbe in lila
1 TL Wasser

Für den Cocktail:

40 g Wodka
10 g Amaretto
50 g Vollmilchjoghurt
20 g Sahne
40 g Milch
1 TL Vanillesirup
ein Spritzer frischer Zitronensaft
6 Eiswürfel
etwas Lebensmittelfarbe in lila

Zubereitung:

1. Verrühren Sie zunächst den Zucker mit der Lebensmittelfarbe und dem Wasser in einer kleinen Schüssel.

2. Das Glas dann kopfüber halten und den Rand mit einer Zitronenscheibe abfahren. Den angefeuchteten Rand dann in die farbige Zuckermischung drücken.

3. Für den Cocktail werden alle Zutaten in einen Shaker gegeben. Dann 20 - 30 Sekunden gründlich mixen.

4. Geben Sie den fertigen Cocktail in das vorbereitete Glas und servieren Sie den Purple Sky mit einem Strohhalm.

ERFRISCHENDER COCKTAIL MIT PASSIONSFRUCHT

Zutaten für 2 Gläser:

0,5 l Ice Tea Ananas-Passionsfrucht
2 Scheiben Ananas
8 cl weißer Rum
2 EL Rohrzucker
4 Stiele frische Minze
100 ml Passionsfruchtsaft
ein paar Eiswürfel

Zubereitung:

1. Zunächst wird die Ananas in kleine Stückchen geschnitten. Danach den Rohrzucker auf die Gläser verteilen und die Ananas dazugeben – beides etwas zerquetschen.

2. Danach den Rum und den Passionsfruchtsaft auf die Gläser aufteilen und ein paar Eiswürfel dazugeben.

3. Füllen Sie im Anschluss die Gläser mit Eistee auf und garnieren Sie den Cocktail mit frischer Minze und einem bunten Strohhalm. Dann sofort servieren.

SOMMERLICHER SWEET MELON-COCKTAIL

Zutaten für 1 Glas:
eine halbe Zuckermelone
10 cl Muscat de Rivesaltes
4 cl Ingwerlimonade
2 cl frisch gepresster Limettensaft
2 frische Gurkenscheiben
2 Stiele frisches Basilikum
eine halbe Limette
etwas Crushed Ice
etwas Melone und Gurke zur Dekoration

Zubereitung:

1. Im ersten Schritt die Hälfte der Melone in einen Mixer geben und fein pürieren. Nun aus der restlichen Melone kleine Kugeln mit einem Ausstecher oder einem Löffel ausstechen. Ein paar Basilikumblätter vom Zweig abzupfen.

2. Anschließend 3 EL Melonenpüree in ein Glas geben und danach das Glas zur Hälfte mit Eis füllen.

3. Nun den Muscat de Rivesaltes, die Ingwerlimonade und den Limettensaft in das Glas füllen.

4. Zum Schluss werden noch die Basilikumblätter, die Gurkenscheiben, die Melonenkugeln und die Limettenstückchen in das Glas gegeben. Zur Dekoration können Sie die Gurkenscheiben und die Melonenbällchen auf Spieße stecken.

FOREVER BLUE FRIENDS COCKTAIL

Zutaten für 1 Glas:

4 Eiswürfel
1 cl Blue Curacao
5 cl Gin
Tonic Water zum Auffüllen
1 Zitrone

Zubereitung:

1. Füllen Sie zuerst ein paar Eiswürfel in ein großes Glas. Anschließend 1 cl Blue Curacao darübergeben.

2. Gießen Sie dann den Gin dazu, rühren Sie alles kurz um und füllen Sie alles mit dem Tonic Water auf.

3. Schneiden Sie nun eine dickere Scheibe von einer Zitrone ab und stecken Sie diese auf den Rand des Glases. Den Cocktail dann noch mit einem bunten Strohhalm dekorieren.

PRICKELNDER SILVESTER-COCKTAIL

Zutaten für 2 Gläser:

Saft einer Zitrone
2 EL Zucker für die Glasränder
50 ml weißer Rum
50 ml Curacao Blue
Crushed Ice
200 ml Ananassaft
200 ml trockener Sekt
ein paar Cocktailkirschen
frische Minze

Zubereitung:

1. Geben Sie den Zucker und den Zitronensaft getrennt auf einen kleinen Teller.

2. Tauchen Sie anschließend die Ränder des Glases in den Saft und danach gleich in den Zucker.

3. Verzieren Sie die Glasränder mit etwas Minze und mit der Cocktailkirsche.

4. Nun werden der Rum und der Curacao vermengt.

5. Füllen Sie anschließend das Crushed Ice dazu. Die Gläser werden zum Schluss mit Ananassaft und Sekt aufgefüllt.

SOMMERLICHER COCKTAIL MIT BIER

Zutaten für 20 Gläser:

200 g rote oder schwarze Johannisbeeren
275 ml Portwein
3 EL Zucker
75 ml Cassissirup
mildes und eisgekühltes Exportbier

Zubereitung:

1. Zupfen Sie die Johannisbeeren ab, putzen Sie sie und lassen Sie sie gut abtropfen.

2. Danach den Portwein, den Zucker und den Sirup in einen Topf geben und aufkochen lassen. Schließlich für ca. 2 Minuten köcheln lassen.

3. Fügen Sie dann die Beeren hinzu und verrühren Sie alles gut. Nchmen Sie den Topf von der Flamme und lassen Sie alles abkühlen.

4. Nun je 3 EL Johannisbeermischung in ein großes Glas füllen und mit dem kalten Bier auffüllen. Langsam auffüllen, da es etwas schäumt.

KNALLIGER GINGER SUNRISE

Zutaten für 10 Gläser:

600 ml Orangensaft
600 ml Ananassaft
300 ml Kokosrum
600 ml Ginger Ale
300 ml Grenadinesirup

Zubereitung:

1. Zuerst den Orangensaft, den Ananassaft und den Ginger Ale in einen Shaker geben und gut schütteln. Dann den Rum dazugeben und nochmals gut vermengen.

2. Verteilen Sie den fertigen Cocktail auf die Gläser und geben Sie den Sirup mit einem Löffel in einem dünnen Strahl in die Gläser – je 30 ml, je nach Süße. Der Sirup sollte sich dann unten am Boden absetzen.

Kleiner Tipp: Obst auf Spieße gesteckt, schmeckt wunderbar dazu.

SINNLICHER WINTER-COCKTAIL

Zutaten für 1 Glas:

5 cl Lillet Blanc
5 cl Birnensaft
5 cl Tonic Water
2 cl Zimtsirup
3 cl frischer Zitronensaft
nach Belieben Zimtstangen, Birnenscheiben und Thymian zum Dekorieren
Eiswürfel oder Crushed Ice

Zubereitung:

1. Füllen Sie ein Glas mit Eis oder mit Crushed Ice und geben sie alle Zutaten, bis auf das Tonic Water, dazu.

2. Danach wird das Glas mit dem Tonic Water aufgefüllt.

3. Nun können Sie Ihrer Kreativität freien Lauf lassen und das Glas mit den oben genannten Zutaten schön herrichten.

ROMANTISCHER GLÜH-LILLET MIT HIMBEEREN

Zutaten für 2 Gläser:

400 g Wasser
3 Teebeutel Himbeer-Tee
50 g Himbeersirup
100 g Lillet
frische oder gefrorene Himbeeren

Zubereitung:

1. Für einen besseren Geschmack können Sie die Himbeeren einen Tag zuvor in Lillet einlegen.

2. Kochen Sie das Wasser in einem Wasserkocher auf.

3. Legen Sie dann die Teebeutel mit Himbeergeschmack in das Wasser und lassen Sie die Beutel etwa 5 Minuten ziehen.

4. Anschließend können sie den Himbeersirup zum Tee hinzugeben. Danach kommt noch der Lillet dazu.

5. Nach Geschmack kann noch mehr Sirup oder Lillet hinzugegeben werden.

6. Füllen Sie das fertige Getränk in zwei Becher und geben Sie die frischen oder aufgetauten Himbeeren dazu.

LIEBLICHE APEROL-BOWLE MIT ROSENWASSER

Zutaten für ca. 2 l Bowle:

10 unbehandelte Rosen
5 EL Aperol
1 l lieblicher Weißwein
2 EL Rosenwasser
0,7 l trockener Sekt

Zubereitung:

1. Verwenden Sie für die Bowle am besten eine schöne große Schüssel.

2. Mischen Sie in der Schüssel den Aperol, den lieblichen Weißwein und das Rosenwasser.

3. Entfernen Sie die Rosenblüten vom Stiel und legen Sie diese mit in die Bowle.

4. Lassen Sie das Getränk dann für mindestens zwei Stunden stehen, damit es gut ziehen kann.

5. Nach Belieben können Sie noch etwas mehr Rosenwasser dazugeben.

6. Füllen Sie die Bowle kurz vor dem Servieren mit dem Sekt auf. Geben Sie nach Wunsch noch Eis dazu, damit die Bowle noch erfrischender wird.

CREMIGER PINA COLADA

Zutaten für 1 Glas:

6 cl weißer Rum
10 cl Ananassaft
4 cl dickflüssige Kokosnusscreme (Cream of Coconut)
2 cl Schlagsahne
3 - 4 Eiswürfel
1 Ananasscheibe
1 Cocktailkirsche

Zubereitung:

1. Füllen Sie zuerst den Rum in ein Gefäß zum Mixen.

2. Anschließend den Ananassaft, die Kokoscreme und die Sahne hinzugeben und kräftig mixen.

3. Danach in ein größeres Cocktailglas füllen und abschließend mit einer Ananasscheibe und der Cocktailkirsche garnieren und kühl genießen.

TRAUMHAFTER HEIDELBEER-MOJITO

Zutaten für 2 Gläser:

20 g Heidelbeeren
4 EL brauner Rohrzucker
2 cl Limettensaft
8 cl Rum
2 Stängel frische Minze
0,5 l Tonic Water
Crushed Ice
4 cl Blue Curacao

Zubereitung:

1. Waschen Sie die Heidelbeeren und zerdrücken Sie die Hälfte grob gemeinsam mit dem Zucker.

2. Vermischen Sie die zerdrückten Heidelbeeren mit dem Limettensaft und dem Rum. Verteilen Sie die Mischung auf zwei Gläser.

3. Nun die Minze waschen und ebenso in die Gläser füllen. Füllen Sie die Gläser anschließend mit Tonic Water und Crushed Ice auf.

4. Danach den Blue Curacao über einen Teelöffel vorsichtig am Rand in die Gläser laufen lassen.

DARK ORANGE COCKTAIL

Zutaten für 2 Gläser:

200 ml Grapefruitlimonade
4 cl Orangenlikör
2 Dashes Angostura
2 cl frisch gepresster Zitronensaft
4 Zweige frischer Thymian
ein paar Eiswürfel
1 Flasche Imperial Stout
ein paar Orangenscheiben
ein paar frische Thymianzweige
4 - 6 Eiswürfel

Zubereitung:

1. Füllen Sie die Limonade, den Orangenlikör, den Angostura und den frischen Zitronensaft in ein hohes Gefäß.

2. Zupfen Sie dann die Thymianblätter vom Zweig und geben Sie sie hinzu. Geben Sie so viele Eiswürfel dazu, wie Sie mögen und rühren Sie alles gründlich durch.

3. Nun ein paar Eiswürfel in die Gläser geben und das Limonadengemisch auf die Gläser aufteilen.

4. Beide Gläser dann noch mit etwas Thymian und frischen Orangenscheiben garnieren.

SÜßER RED LADY COCKTAIL

Zutaten für 1 Glas:

40 ml Gin
20 ml Himbeer- oder Grenadinesirup
40 ml stilles Wasser
20 ml Zitronensaft
ausreichend Crushed Ice
1 kurzer schwarzer Strohhalm

Zubereitung:

1. Füllen Sie das Glas zunächst mit Chrushed Ice, bis es komplett gefüllt ist.

2. Danach den Gin, den frischen Zitronensaft und das stille Wasser in ein Weinglas füllen.

3. Geben Sie dann den süßen Himbeer-Sirup in das Glas.

4. Zum Schluss werden die gesamten Zutaten mit einem Strohhalm verrührt. Anschließend kann der Cocktail noch nach Belieben garniert und genossen werden.

FRUCHTIGER PINK EASTER COCKTAIL

Zutaten für 8 Gläser:

eine Flasche Zitronenlimonade (0,75 l)
50 ml Erdbeersirup
80 - 160 ml Gin
ein paar Eiswürfel
essbare Blüten zum Garnieren

Zubereitung:

1. Mischen Sie zuerst die Zitronenlimonade mit dem Erdbeersirup.

2. Geben Sie dann die Eiswürfel in 8 Sektgläser und füllen Sie anschließend ca. 10 - 20 ml Gin dazu.

3. Nun die Gläser mit der Limonade aufgießen und den fertigen Cocktail nach Belieben mit essbaren Blüten oder auch ein paar Rosenblättern garnieren.

LECKERER BANANEN-PANCAKE-COCKTAIL

Zutaten für 1 Glas:

6 cl Plantation Rum
eine halbe Banane
etwas Honig
Saft einer Limette
0,5 cl Orgeat
0,5 cl Schokoladenlikör
frische Minze zum Garnieren
frische Bananenscheiben zum Garnieren

Zubereitung:

1. Zuerst wird die Banane in etwas Öl angebraten.

2. Geben Sie die Limette in eine Pfanne und rösten Sie sie etwas an.

3. Anschließend wird die Banane mit etwas Honig vermischt. Beides zusammen dann karamellisieren lassen.

4. Füllen Sie danach die Banane und den Saft der gerösteten Limette in einen Shaker und schütteln Sie beides gut durch.

5. Danach werden der Rum und 0,5 cl Orgeat dazugegeben. Fügen Sie noch Eis hinzu und schütteln Sie nochmals alles kräftig durch.

6. Füllen Sie Eis in ein schönes Glas und schütten Sie den Cocktail dazu. Einmal kurz umrühren.

7. Geben Sie nun noch langsam den Schokoladenlikör ins Glas.

8. Garnieren Sie den fertigen Drink mit Minze und Bananenscheiben.

COCKTAIL MIT BANANE UND ERDNUSSBUTTER

Zutaten für 1 Glas:

4,5 cl Irish Whiskey
4,5 cl Irish Cream
1 EL Erdnussbutter
1 Banane
4 EL Vanilleeis

Zubereitung:

1. Füllen Sie zunächst das Eis und die restlichen Zutaten in einen Mixer oder zerkleinern Sie diese mit einem Pürierstab. Alles muss danach sehr fein sein.

2. Geben Sie die Masse in ein Glas und garnieren Sie den Cocktail nach Wunsch mit frischen Bananenscheiben oder mit etwas Schokolade.

3. Kleiner Tipp: Löffeln Sie den Cocktail am besten.

CREMIGER MOOSE MILK COCKTAIL

Zutaten für 1 Glas:

4 cl dunkler Rum
2 cl Bourbon Whiskey
2 cl Kaffeelikör
3 cl Ahornsirup
20 cl frische Vollmilch
2 dicke Löffel Vanilleeis

Zubereitung:

1. Füllen Sie zunächst den Alkohol in einen Mixer und mischen Sie alles kurz.

2. Fügen Sie anschließend die restlichen Zutaten hinzu und mixen Sie alles zu einer cremigen Masse.

3. Nun wird die Masse in ein Glas gefüllt, noch mit etwas Muskat garniert und am besten mit einem Löffel serviert.

ITALIENISCHER LIQUID TIRAMISU

Zutaten für 1 Glas:

2 cl Espresso
1 cl Amaretto
2 cl dunkler Schokoladenlikör
2 cl dunkler Rum

Zubereitung:

1. Füllen Sie zunächst über den Rücken eines Löffels den frisch gemachten Espresso in ein Glas.

2. Danach geben Sie auch mit einem Löffel den Amaretto in das Glas.

3. Anschließend den Rum und zum Schluss den Likör dazugeben. Am Ende sollten schöne Schichten im Glas entstehen.

4. Garnieren Sie den Cocktail am besten mit etwas Kakaopulver und mit einem kleinen Keks.

FRUCHTIGER AMAZONAS-COCKTAIL

Zutaten für 1 Glas:

4 cl Mangosaft
2 cl frischer Zitronensaft
2 cl Maracujasaft
2 Schuss kaltes Mineralwasser
2 Spritzer Angosture Bitter
ein paar Eiswürfel oder Crushed Ice

Zubereitung:

1. Geben Sie ein paar Eiswürfel oder etwas Crushed Ice in einen Shaker und fügen Sie anschließend alle anderen Zutaten, bis auf das kalte Mineralwasser, hinzu.

2. Schütteln Sie nun alles kräftig für etwa 15 Sekunden. Danach sofort in ein passendes Glas gießen.

3. Nun wird alles mit dem kalten Mineralwasser aufgegossen.

4. Servieren Sie den Amazonas abschließend mit einer Kiwi- und mit einer Zitronenscheibe.

GRÜNER COCKTAIL MIT FRISCHER KIWI

Zutaten für 1 Glas:

5 cl Gin
1 Kiwi
18 Blätter Estragon
2,5 cl frischer Limettensaft
1,5 cl Zuckersirup
kaltes Mineralwasser zum Auffüllen
etwas Eis

Zubereitung:

1. Schälen Sie die frische Kiwi und schneiden Sie sie in Scheiben.

2. Geben Sie sie im Anschluss gemeinsam mit dem Estragon in einen Shaker und schütteln Sie gut.

3. Dann den Gin, den frischen Limettensaft und den Zuckersirup in einen Shaker geben.

4. Geben Sie noch etwas Eis dazu und nochmals kräftig für mehrere Sekunden mixen.

5. Füllen Sie ein großes Glas mit Eiswürfeln und füllen Sie den Cocktail hinein. Gießen Sie ihn mit dem Mineralwasser auf und dekorieren Sie ihn dann mit frischem Estragon.

ERFRISCHENDER PFIRSICH-COCKTAIL MIT SALBEI

Zutaten für 4 Gläser:

200 ml Pimm´s No.1
400 ml Ginger Ale
1 unbehandelte Zitrone
2 frische Pfirsiche
eine halbe Gurke
4 frische Zweige Salbei
ein paar Eiswürfel

Zubereitung:

1. Füllen Sie zunächst vier Gläser mit Eiswürfeln.

2. Nun die Zitrone waschen und in Scheiben schneiden. Waschen Sie die Gurke und schneiden Sie diese in dünne Stifte. Verteilen Sie beides auf die Gläser.

3. Jedes Glas wird dann mit je 50 ml Pimm´s und 100 ml Ginger Ale aufgefüllt.

4. Garnieren Sie die fertigen Cocktails anschließend mit frischem Salbei.

AROMATISCH-SÜẞER HURRICANE-COCKTAIL

Zutaten für 1 Glas:

5 cl weißer Rum
5 cl dunkler Rum
5 cl Passionsfruchtsaft
2,5 cl Orangensaft
2 cl Limettensaft
1 EL Zuckersirup
1 EL Grenadine

Zubereitung:

1. Geben Sie die Zutaten nach und nach in einen Mixer oder in einen Cocktail-Shaker.

2. Mixen Sie die Zutaten dann für etwa 20 Sekunden kräftig durch.

3. Danach in ein passendes Glas füllen und nach Belieben mit frischen Früchten garnieren.

APEROL-CAIPI-COCKTAIL

Zutaten für 1 Glas:

6 cl Aperol
1 TL brauner Rohrzucker
eine frische Limette
ein paar Eiswürfel oder Crushed Ice

Zubereitung:

1. Zerschneiden Sie die Limette in kleine Stückchen und geben Sie diese dann in ein großes Glas.

2. Fügen Sie den braunen Zucker hinzu und zerdrücken Sie die Limetten ein wenig mit einem Stäbchen.

3. Geben Sie anschließend den Aperol dazu und füllen Sie das Glas mit Eiswürfeln oder mit Crushed Ice auf.

4. Nach Belieben können Sie den Aperol noch mit Mineralwasser auffüllen. Garnieren Sie den fertigen Cocktail mit frischen Erdbeeren.

SCHÖNER BLUE LAGOON-COCKTAIL MIT SPRITE

Zutaten für 1 Glas:
4 cl Wodka
2 cl Blue Curacao
1 cl Zitronensaft oder Roses Lime Juice
Sprite zum Auffüllen
ein paar Eiswürfel

Zubereitung:

1. Nehmen Sie sich zunächst ein großes Cocktailglas. Geben Sie so viele Eiswürfel in das Glas, bis es voll ist.

2. Nun einfach den Wodka, den Blue Curacao und den Zitronensaft oder den Roses Lime Juice in das Glas füllen.

3. Im Anschluss wird der Cocktail noch mit Sprite aufgegossen.

4. Stecken Sie abschließend noch eine Zitronenscheibe für die Dekoration an das Glas.

WEIHNACHTLICHER CRANBERRY-GIN TONIC

Zutaten für 1 Glas:

1 EL Zucker
4 cl Gin
8 cl Cranberry Saft
80 ml Tonic Water
ein paar Eiswürfel
3 - 4 frische Cranberrys
5 cm Gurke

Zubereitung:

1. Zuerst wird das Glas ein wenig dekoriert. Dafür streuen Sie einfach etwas Zucker auf einen kleinen Teller. Dann befeuchten Sie den Rand des Glases mit Wasser.

2. Drehen Sie den Glasrand langsam durch den Zucker, sodass er kleben bleibt. Der Rand sieht dann wie Schnee aus und schmeckt super.

3. Nehmen Sie die Gurkenscheibe und stechen Sie mit einer Form einen Tannenbaum aus oder einfach frei mit dem Messer einen Tannenbaum ausstechen. Der Baum wird dann für die Dekoration auf einen Spieß gesteckt.

4. Für den Cocktail werden nun der Gin und der Cranberrysaft in das Glas gefüllt und gemischt. Füllen Sie das Glas zunächst mit Tonic Water auf. Geben Sie dann die frischen Cranberrys und ein paar Eiswürfel hinzu.

FRUCHTIGER PINK OUZO

Zutaten für 1 Glas:

50 g Ouzo
200 g Zitronenlimonade
einen guten Schluck Granatapfelsirup
250 g Eiswürfel
etwas frische Minze

Zubereitung:

1. Geben Sie alle Zutaten gemeinsam in einen Shaker oder in einen Mixer und schütteln Sie alles mindestens 20 Sekunden gut durch.

2. Gießen Sie anschließend alles in ein Glas und geben noch etwas frische Minze dazu, wenn Sie mögen.

HAWAIANISCHER MAUI MULE

Zutaten für 1 Glas:

1 Teebeutel Butterfly Pea Flower Tea
300 ml Wasser
4 cl Beeren-Wodka-Likör
2 cl Wodka
2 cl Limettensaft
50 ml Maracujasaft
100 ml Ginger Beer
6 EL Crushed Ice

Zubereitung:

1. Füllen Sie das Wasser in ein großes Glas und geben Sie den Teebeutel hinein. Anschließend für ca. 10 Minuten ziehen lassen, bis das Wasser eine tiefblaue Farbe angenommen hat.

2. Danach wird das Wasser in Förmchen für Eiswürfel gefüllt. Dann einfrieren und später zu Crushed Ice verarbeiten.

3. Geben Sie nun den Alkohol, den Maracujasaft und den frischen Limettensaft in einen Shaker. Fügen Sie auch 2 EL des blauen Crushed Ice hinzu. Anschließend wird alles für ein paar Sekunden gründlich geschüttelt.

4. Füllen Sie den Rest des Crushed Ice in das Glas. Gießen Sie danach den Inhalt des Shakers durch ein Sieb mit in das Glas.

5. Im Anschluss wird alles mit Ginger Beer aufgegossen.

WINTERLICHER BLAUBEER-ZIMT-COCKTAIL

Zutaten für 1 Glas:

3 cl Bourbon Whiskey
3 cl Blaubeersaft aus gefrorenen Blaubeeren
2 cl Zimtsirup (z. B. monin)
3 Spritzer Angostura bitter
sprudelndes Mineralwasser zum Auffüllen
etwas frischer Limettensaft je nach Bedarf
1 Zimtstange
ein frischer Zweig Rosmarin
ein paar gefrorene Blaubeeren
Eiswürfel oder Crushed Ice

Zubereitung:

1. Zuerst wird der frische Blaubeersaft selbst gemacht. Lassen Sie die Blaubeeren dafür auftauen und streichen Sie diese dann durch ein sehr feines Sieb. Der Saft wird aufgefangen. Gekaufter Blaubeersaft ist in den meisten Fällen für das Rezept zu süß.

2. Geben Sie nun die Eiswürfel in ein großes Glas. Dann werden der Whiskey, der Blaubeersaft, der Zimtsirup und der Angora bitter dazugegeben. Nun alles einmal umrühren. Der Cocktail wird dann mit kaltem Mineralwasser aufgefüllt. Falls die Mischung zu süß sein sollte, können Sie noch etwas Limettensaft dazugeben.

3. Garnieren Sie den fertigen Cocktail abschließend mit einer Zimtstange und mit frischem Rosmarin – natürlich können Sie auch andere Sachen verwenden.

4. Zum Schluss kommen noch wenige gefrorene Blaubeeren dazu und dann kann der winterliche Cocktail sofort getrunken werden.

WEIHNACHTLICHER ZIMT-ORANGEN-COCKTAIL

Zutaten für 4 Gläser:

1 l frisch gepresster Orangensaft
2 EL Honig
2 TL Zimt
½ TL Lebkuchengewürz
nach Belieben etwas Zucker
etwas Zucker für die Dekoration
einen Schuss Wodka
ein paar frische Cranberrys
1 Zitrone

Zubereitung:

1. Pressen Sie zunächst den Saft mehrerer Orangen aus, sodass etwa 1 l entsteht.

2. Füllen Sie den Saft anschließend in einen größeren Topf und erhitzen Sie ihn langsam. Bringen Sie den Saft aber nicht zum Kochen, da sonst Vitamine verloren gehen können.

3. Nun werden der Honig, der Zimt und das Lebkuchengewürz dazugegeben. Der Wodka kommt auch dazu und alles wird abgeschmeckt.

4. Für die Süße können Sie noch ein wenig Zucker untermengen.

5. Schneiden Sie die frische Zitrone auf und gehen Sie damit am Rand Ihres Glases entlang. Danach wird das Glas kopfüber in etwas Zucker gesteckt. Dann alles trocknen lassen.

6. Stecken Sie im Anschluss noch frische Cranberrys auf einen Holzspieß und stecken Sie diesen zur Dekoration in das winterliche Getränk.

GRÜNER SEKT-COCKTAIL MIT MARACUJA

Zutaten für 2 Gläser:

1 frische Orange
40 cl Blue Curacao
50 cl frischer Orangensaft
50 cl Maracujasaft
100 cl trockener Sekt

Zubereitung:

1. Geben Sie den Blue Curacao mit den Säften und dem Eis in einen Shaker. Schütteln Sie alles gründlich für etwa 15 Sekunden durch.

2. Füllen Sie die Mischung dann in zwei große Gläser und gießen Sie alles mit dem trockenen Sekt auf.

3. Nach Belieben können Sie die Gläser mit frischen Orangenscheiben garnieren.

HIMMLISCHER SCHNEEPUNSCH

Zutaten für 1 Glas:

2 cl brauner Rum
1 Zimtstange
250 ml Milch
100 ml Sahne
1 Prise Zimt
1 EL brauner Zucker

Zubereitung:

1. Erhitzen Sie zunächst 250 ml Milch in einem kleinen Topf. Anschließend wird der Zucker hinzugegeben und etwas verrührt. Warten Sie, bis er sich aufgelöst hat. Danach wird die Milch mit einem Schneebesen aufgeschäumt.

2. Füllen Sie die erhitzte Milch in ein Glas und mischen Sie den braunen Rum unter.

3. In einer Schüssel wird nun die Sahne steif geschlagen und als Haube auf den Punsch gegeben.

4. Garnieren Sie das Ganze mit einer Zimtstange und bestäuben Sie die Sahne mit gemahlenem Zimt.

ROTER GRANATAPFEL MULE

Zutaten für 2 Gläser:

4 cl Wodka
1 Prise Zimt
100 ml Apfelsaft
200 ml Granatapfelsaft
etwas Thomas Henry Spicy Ginger zum Aufgießen
ein paar Granatapfelkerne
4 dünn geschnittene Apfelscheiben
Eis

Zubereitung:

1. Füllen Sie je 2 cl Wodka in die Gläser und geben Sie die Granatapfelkerne und die Eiswürfel dazu.

2. Streuen Sie im Anschluss eine kleine Prise Zimt darüber und füllen Sie den Apfelsaft und den Granatapfelsaft dazu. Nun einmal umrühren.

3. Mit dem Spicy Ginger aufgießen und nach Wunsch mit Granatapfelkernen und frischen Apfelscheiben garnieren.

HEIßER CRANBERRY-PUNSCH

Zutaten für 6 Gläser:

1 Flasche Merlot (Cabernet Sauvignon oder Zinfandel)
200 ml Orangensaft
300 ml Cranberrysaft
65 g Zucker
1 unbehandelte Orange
2 Gewürznelken
2 Zimtstangen
120 ml Brandy

Zubereitung:

1. Geben Sie zuerst den Rotwein, den Cranberrysaft, den Orangensaft und den Zucker in einen Topf.

2. Dann wird die Orange einmal abgewaschen und mit den Gewürznelken bestückt.

3. Nun die Orange und die Zimtstangen mit in den Topf geben und alles ca. 1,5 Stunden köcheln lassen.

4. Entfcrncn Sic dann dic Orangc und dic Zimtstangcn und gicßcn Sic dcn heißen Punsch durch ein Sieb in eine große Schüssel.

5. Den Punsch dann zurück in den Topf geben und den Brandy dazugeben. Nun noch mit Zucker abschmecken.

6. Füllen Sie den fertigen Punsch in Gläser und garnieren Sie sie mit frischen Früchten oder Zimtstangen.

LECKERER MARACUJA-INGWER-COCKTAIL

Zutaten für 2 Gläser:

4 cl weißer Rum
300 ml Maracujasaft
50 ml frischer Zitronensaft
Thomas Henry Spicy Ginger zum Auffüllen
1 Passionsfrucht
1 frische Limette
etwas frische Minze
Eiswürfel

Zubereitung:

1. Halbieren Sie zunächst die Maracuja und entfernen Sie die Kerne. Anschließend die Kerne und das Fruchtfleisch auf zwei Gläser aufteilen.

2. Geben Sie die Eiswürfel in einen Shaker und fügen Sie den Rum und die Säfte hinzu. Danach einmal alles vermischen.

3. Schütten Sie den fertigen Cocktail in die Gläser und geben Sie frische Limettenscheiben und etwas Minze dazu. Nun noch den Spicy Ginger dazufüllen.

HOT BERRY PUNSCH

Zutaten für 1 Glas:

100 ml Aroniasaft
80 ml schwarzer Johannisbeersaft
120 ml Cranberrysaft
6 cl Rum
1 Zimtstange
1 Sternanis
4 Nelken
eine halbe Orange
3 EL Studentenfutter

Zubereitung:

1. Geben Sie alle Säfte zusammen in einen Topf und erwärmen Sie sie.

2. Fügen Sie im Anschluss die Gewürze hinzu und lassen Sie dann alles etwa 15 Minuten ziehen.

3. Nun das Studentenfutter in 2 Tassen geben und mit je 3 cl Rum auffüllen.

4. Schälen Sie die Orange zur Hälfte ab und geben Sie die ungeschälte Hälfte mit in den Topf.

5. Die andere Hälfte wird in Spalten geschnitten und in die Tassen gegeben. Anschließend wird der Inhalt aus dem Topf in den Tassen verteilt.

WEIHNACHTLICHER ORANGEN-PUNSCH MIT RUM

Zutaten für 2 Gläser:

250 ml schwarzer Tee
4 Orangen
4 EL weißer Rum
1 Messerspitze Zimt
¼ Vanilleschote
1 Kardamomkapsel
Kandis nach Bedarf

Zubereitung:

1. Pressen Sie zuerst den Saft aus den Orangen aus.

2. Den Tee gemeinsam mit dem Orangensaft in einem Topf erwärmen.

3. Nun das Mark der Vanille auskratzen und mit dem Zimt, dem Rum und dem Kardamom zu den Orangen geben.

4. Servieren Sie den heißen Punsch in Gläsern oder Tassen und fügen Sie nach Bedarf noch etwas Süße hinzu.

LECKERER HALLOWEEN-COCKTAIL

Zutaten für 4 Gläser:

4 EL Zucker
etwas schwarze Lebensmittelfarbe
50 ml Wodka
100 ml Blue Curacao
150 ml Cranberrysaft
50 ml Grenadinesirup
75 ml Sweet and Sour Sirup
Eis

Zubereitung:

1. Verreiben Sie den Zucker und die Lebensmittel so zwischen den Händen, dass sich die Farbe gut mit dem Zucker vermischt. Tragen Sie dabei am besten Handschuhe.

2. Nun den Wodka, den Blue Curacao, den Cranberrysaft, die Grenadine und 50 ml Sirup verrühren.

3. Geben Sie im Anschluss 3 - 4 EL Sweet and Sour auf einen kleinen Teller. Den grauen Zucker auf einem weiteren Teller verteilen.

4. Stecken Sie den Rand der Gläser zuerst in den Sirup und dann direkt in den Zucker – so bildet sich ein schöner Rand.

5. Füllen Sie die Gläser dann mit Eis nach Bedarf und geben Sie den gemixten Cocktail dazu.

KÖSTLICHER MARACUJA-IPANEMA

Zutaten für 1 Glas:

3 EL Rohrzucker
1,5 Limetten
6 cl weißer Rum
100 ml Maracujasaft
Ginger Ale zum Auffüllen
Crushed Ice

Zubereitung:

1. Zunächst die Limette in Achtel schneiden und gemeinsam mit dem Rohrzucker in ein Glas geben. Fügen Sie den Rum hinzu und zerdrücken Sie die Limetten ein wenig im Glas.

2. Nun den Maracujasaft dazugeben und das Glas mit Crushed Ice auffüllen.

3. Der Cocktail wird nun noch mit dem Ginger Ale aufgegossen und sofort serviert. Nach Belieben noch mit frischen Limettenscheiben garnieren.

FRUCHTIGER COCKTAIL MIT GRANATAPFEL UND MINZE

Zutaten für 4 Gläser:

1 Granatapfel
400 ml Orangensaft
Saft einer Limette
12 cl Wodka
12 cl Cointreau
600 ml kaltes Mineralwasser mit Kohlensäure
Eis
frische Minze

Zubereitung:

1. Entfernen Sie die Kerne des Granatapfels und pressen Sie den Saft aus.

2. Nun den Orangensaft, den frischen Limettensaft, den Wodka und den Cointreau mischen und damit die Gläser zur Hälfte füllen.

3. Jetzt werden noch ein paar frische Minzblätter dazugegeben. Anschließend den Granatapfelsaft und die Kerne in die Gläser geben.

BLAUER SWIMMING POOL-COCKTAIL

Zutaten für 1 Glas:

4 cl weißer Rum
2 cl Wodka
1 cl Blue Curacao Orangenlikör
2 cl Kokoscreme
1 cl süße Sahne
4 cl Ananassaft
Eis
1 Ananasscheibe
1 Cocktailkirsche

Zubereitung:

1. Füllen Sie alle genannten Zutaten, bis auf den Orangenlikör, in einen Shaker.

2. Fügen Sie etwas Eis dazu und schütteln Sie alles gründlich durch.

3. Geben Sie noch etwas Eis in das Glas und füllen Sie es dann mit dem fertigen Cocktail auf. Zum Schluss wird noch der Blue Curacao für eine schöne Farbe hineingegeben.

4. Dekorieren Sie den Drink nach Belieben mit einer Cocktailkirsche und mit einer frischen Ananasscheibe.

GELBER SLUSHIE-COCKTAIL

Zutaten für 1 Glas:

100 g Maracujasaft in Eiswürfeln
150 g gefrorene Mango
50 g Likör 43
100 g Maracujanektar

Zubereitung:

1. Frieren Sie zuerst den Maracujasaft in einer Eiswürfelform ein.

2. Nun geben Sie alle genannten Zutaten in einen Mixer. Anstatt Likör 43 können Sie auch weißen Rum verwenden, dann muss aber noch Vanille hinzugefügt werden.

3. Füllen Sie den Inhalt aus dem Mixer in ein Glas und dekorieren Sie den fertigen Cocktail nach Wahl mit frischen Früchten.

PINK LADY-COCKTAIL

Zutaten für 1 Glas:

8 Eiswürfel
60 ml Himbeer-Wodka
10 ml Grenadine
20 ml frischer Zitronensaft
20 ml Cranberrysaft
Tonic Water zum Auffüllen
frische Himbeeren zum Garnieren

Zubereitung:

1. Füllen Sie zuerst die Eiswürfel in ein hohes Glas.

2. Anschließend werden der Wodka, die Grenadine, der Zitronensaft und der Cranberrysaft dazugegeben. Dann kurz umrühren und mit dem Tonic Water aufgießen.

3. Servieren Sie den Cocktail sofort und garnieren Sie ihn mit ein paar frischen Himbeeren.

HIMMLISCHER MALIBU-SUNSET-COCKTAIL

Zutaten für 2 Gläser:

¼ Tasse Malibu-Rum
½ Tasse Ananassaft
2 cl Grenadine
Kirschen zum Garnieren
Ananasstückchen zum Garnieren
Eis

Zubereitung:

1. Zunächst werden beide Gläser mit Eis gefüllt.

2. Gießen Sie den Ananassaft und den Rum über die Eiswürfel.

3. Am Rand der Gläser wird dann die Grenadine langsam dazugegeben.

4. Garnieren Sie die fertigen Cocktails abschließend mit Kirschen und Ananas.

ROSA KOKOSNUSS-COCKTAIL

Zutaten für 6 Gläser:

1 kg Erdbeeren
2 Dosen Kokosmilch (400 ml)
240 ml Wodka
120 ml Kokossirup
2 EL weißer Zuckersirup
4 EL Kokosraspeln
etwa 20 Eiswürfel

Zubereitung:

1. Waschen Sie die frischen Erdbeeren, putzen Sie sie und lassen Sie einige zum Verzieren übrig.

2. Danach die Kokosmilch, den Wodka, den Sirup und die frischen Erdbeeren in einen Mixer geben und pürieren, bis alles sehr fein ist.

3. Nun den Zuckersirup und die Kokosraspeln jeweils auf einen flachen Teller geben. Die Cocktailgläser zuerst mit dem Rand in den Sirup geben und dann in die Kokosraspeln, sodass ein schöner Kokosrand oben entsteht.

4. Füllen Sie ein paar Eiswürfel in jedes Glas, geben Sie den Drink dazu und verzieren Sie jedes Glas mit den übrigen frischen Erdbeeren.

SOMMERLICHER WASSERMELONEN-COCKTAIL

Zutaten für 2 Gläser:

500 g gefrorene Wassermelonenwürfel ohne Kerne
Saft einer Limette
6 Blätter frische Minze
40 ml Gin

Zubereitung:

1. Schneiden Sie eine Wassermelone auf und entfernen Sie nach und nach die Kerne.

2. Dann in ca. 2 cm große Würfel schneiden und für ein paar Stunden einfrieren.

3. Geben Sie die angefrorene Melone anschließend gemeinsam mit der Minze in einen Mixer und pürieren Sie sie sehr fein.

4. Danach den Gin und den frischen Limettensaft hinzugeben und umrühren. Anschließend nach Belieben mit Sirup ein wenig süßen.

5. Geben Sie alles noch einmal ins Gefrierfach, bis es leicht angefroren ist. Anschließend in Gläser füllen und mit Minze garnieren.

LILA CAIPIRINHA

Zutaten für 1 Glas:

1 Limette
2 EL Zucker
1 Spritzer frischer Limettensaft
6 cl Livo-Livo
1 Handvoll Eis
frische Limettenscheiben zur Dekoration

Zubereitung:

1. Schneiden Sie die Limette in acht Stücke. Geben Sie diese gemeinsam mit dem Rohrzucker in ein Glas.

2. Anschließend den frischen Limettensaft dazugeben und alles vermischen.

3. Nun wird Crushed Ice dazugegeben.

4. Füllen Sie den Drink mit Livo- Livo auf und verrühren Sie alles nochmals.

5. Dekorieren Sie den fertigen Cocktail mit frischen Limettenscheiben.

BEERIGER CARDAMOM-BRAMBLE

Zutaten für 2 Gläser:

6 cl Zitronensaft
2 cl Kardamomsirup
3 cl Brombeerlikör
12 cl Gin
Brombeeren zum Dekorieren
50 g Zucker
50 ml Wasser
3 Kardamomkapseln
Eiswürfel oder Crushed Ice
Cocktailshaker

Zubereitung:

1. Zuerst wird ein leckerer Kardamomsirup zubereitet. Dazu werden die Kapseln aufgebrochen. Die Kapseln mit dem Zucker und dem Wasser in einen Topf geben und bei großer Hitze etwa 10 Minuten köcheln lassen. Den Sirup dann durch ein Sieb abgießen, auffangen und kalt werden lassen.

2. Nun den Zitronensaft, den Brombeerlikör, den Gin und den Sirup in den Shaker geben. Dann mit ausreichend Eiswürfeln auffüllen und kräftig mixen. Danach sollte sich eine Eisschicht am Shaker bilden.

3. Füllen Sie im Anschluss die Gläser mit Eiswürfeln und geben Sie den fertigen Cocktail durch ein Sieb in die Gläser. Nach Belieben können Sie die frischen Brombeeren auf Spieße stecken und den Cocktail damit dekorieren.

CREMIGER MILCHCOCKTAIL MIT RUM UND HONIG

Zutaten für 1 Glas:

200 ml heiße Milch
1 Eigelb
2 cl weißer Rum
1 EL Honig
1 Prise Muskatnuss

Zubereitung:

1. Erhitzen Sie zuerst die Milch in einem Topf, bis sie leicht dampft.

2. Geben Sie dann den Honig in den Topf, bis er sich auflöst.

3. Anschließend das Eigelb mit dem Rührgerät schaumig schlagen und mit in die Milch geben.

4. Das warme Getränk in eine Tasse füllen. Abschließend den Rum hinzugeben und mit etwas geriebener Muskatnuss bestäuben.

WÜRZIGER INGWER-GIN-COCKTAIL

Zutaten für 2 Gläser:

für den Ingwersirup:
150 g frische gehackte Ingwerwurzel
200 g Zucker
360 ml Wasser
Für den Cocktail:
75 ml frischer Zitronensaft
75 ml Ingwersirup
45 ml Gin
70 g Eiswürfel
150 ml Bier

Zubereitung:

1. Zunächst den Zitronensaft, den Sirup, den Gin und die Eiswürfel in einen Behälter mit Deckel geben. Dann ca. 15 Sekunden lang schütteln oder nach Belieben auch in einen guten Mixer oder Cocktail-Shaker geben.

2. Geben Sie den Cocktail dann in ein großes Glas. Füllen Sie nach Belieben noch etwas Eis hinzu und geben Sie das Bier dazu. Noch einmal umrühren und sofort frisch servieren.

FRUCHTIGER ZOMBIE

Zutaten für 1 Glas:

4 cl weißer Rum
4 cl brauner rum
2 cl hochprozentiger Rum (z. B. Old Pascas)
2 cal Cointreau
2 cl Grenadinesirup
2 cl Maracujasaft
4 cl Ananassaft
4 cl Orangensaft
4 cl frischer Zitronensaft
1 frisches Stück Ananas
1 Cocktailkirsche
1 frischer Zweig Minze
Eis

Zubereitung:

1. Füllen Sie zunächst einen Cocktail-Shaker mit Eis.

2. Danach alle Zutaten, außer dem hochprozentigen Rum, in den Shaker geben und kräftig für ca. 15 Sekunden mixen.

3. Den Cocktail dann in ein passendes Glas füllen und mit etwas Eis auffüllen.

4. Lassen Sie anschließend mit einem Löffel den Rum in das Glas gleiten.

5. Abschließend einen Strohhalm in das Glas geben und den Zombie mit einer Ananasscheibe, einer Cocktailkirsche und etwas Minze garnieren.

TRAUMHAFTER EIERPUNSCH

Zutaten für 8 Gläser:

1 Flasche Eierlikör (ca. 0,75 l)
½ l Weißwein (am besten lieblicher)
½ l Orangensaft
1 Päckchen Vanillezucker
1 Packung Sahne

Zubereitung:

1. Geben Sie den Eierlikör, den Weißwein und den Orangensaft in einen Topf und erhitzen Sie alles.

2. Fügen Sie anschließend den Vanillezucker hinzu und verrühren Sie diesen gründlich.

3. Zunächst wird die Sahne in einer Schüssel mit einem Handrührgerät steif geschlagen. Nach Belieben können Sie diese auch noch ein wenig süßen.

4. Im Anschluss wird der Punsch in die Gläser gegeben und dann mit der aufgeschlagenen Sahne bedeckt. Nach Belieben kann man die Sahne noch mit etwas Zimt oder Zucker bestäuben.

EXOTISCHER BLAUER SEKT-COCKTAIL

Zutaten für 1 Glas:

1 EL Orangensaft
1 EL Zucker
5 EL Crushed Ice
30 ml Blue Curacao
100 ml eisgekühlter Sekt
20 ml weißer Rum
10 ml Brandy
30 ml Zitronensaft
eine halbe Erdbeere

Zubereitung:

1. Füllen Sie den Orangensaft und eine größere Schüssel und tauchen Sie den Rand des Cocktailglases hinein. Anschließend wenden Sie den Rand des Glases in Zucker.

2. Verwenden Sie nun einen Mixer oder einen Shaker und füllen Sie das Eis und alle anderen Zutaten hinein. Anschließend wird alles in das Glas gefüllt und mit einer halben Erdbeere garniert serviert.

Cocktails ohne Alkohol

BUNTER REGENBOGEN-COCKTAIL

Zutaten für 2 Gläser:

200 ml kaltes Mineralwasser mit viel Kohlensäure
1 Prise blaue Lebensmittelfarbe
400 ml Orangen-Mango-Saft
60 ml Grenadine
2 Spieße
Gummibärchen nach Belieben

Zubereitung:

1. Färben Sie im ersten Schritt das Mineralwasser mit der Lebensmittelfarbe ein.

2. Zunächst den Orangen-Mango-Saft in zwei Cocktailgläser geben.

3. Fügen Sie dann die Grenadine über einen Teelöffel am Glasrand mit Gefühl ein. Dann entstehen verschiedene Farben in dem Cocktail – wie ein Regenbogen.

4. Nun das blaue Wasser genauso mit einem Teelöffel in das Glas einfüllen, damit sich die Farbe noch einmal verändert.

5. Stecken Sie dann die Gummibärchen nach Belieben auf die Spieße und dekorieren Sie das Glas mit Kreativität.

LECKERER IPANEMA

Zutaten für 4 Gläser:
2 unbehandelte Limetten
4 EL Rohrzucker
8 cl Maracujasaft
24 cl Ginger Ale
Crushed Ice

Zubereitung:
1. Waschen Sie zunächst die Limette ab, dann abtrocknen und anschließend in feine Scheiben schneiden.

2. Nun die Spalten in den Gläsern verteilen und etwas zerdrücken, sodass sich frischer Saft bildet.

3. Geben Sie in jedes Glas etwa einen EL Zucker, dann beides miteinander verrühren.

4. Füllen Sie die Gläser danach mit Crushed Ice und geben Sie jeweils 2 cl Maracujasaft dazu. Anschließend ordentlich verrühren.

5. Abschließend werden die Gläser mit Ginger Ale aufgegossen. Nach Belieben können Sie die Cocktails garnieren und sofort servieren.

FRUCHTIGER VIRGIN SUNRISE

Zutaten für 4 Gläser:

300 ml Orangensaft
170 ml Ananassaft
4 TL frischer Zitronensaft
40 ml Grenadine
ein paar Eiswürfel

Zubereitung:

1. Nehmen Sie sich einen Cocktail-Shaker oder einen anderen Mixer und füllen Sie die drei Säfte hinein. Danach werden die Eiswürfel in die Gläser gefüllt.

2. Geben Sie dann die Saftmischung in die Gläser.

3. Anschließend die Grenadine langsam mit einem Löffel am Rand in die Gläser geben - dadurch entstehen die Farben des Cocktails.

4. Nach Belieben mit frischer Ananas oder Orangen garnieren und genießen.

ERFRISCHENDER NOJITO (MOJITO OHNE ALKOHOL)

Zutaten für 4 Gläser:

1 Bund frische Minze
2 unbehandelte Limetten
4 EL brauner Zucker
Crushed Ice
500 ml Ginger Ale

Zubereitung:

1. Waschen Sie die Minze und die Limetten ab. Dann abtrocknen lassen und die Minzblätter von den Stängeln zupfen. Die Limetten werden in Spalten geschnitten.

2. Verteilen Sie die Minze gleichmäßig auf die Gläser und zerdrücken Sie diese etwas. Anschließend die Limetten hinzugeben und ebenfalls zerdrücken.

3. Dann je einen Esslöffel braunen Zucker in die Gläser füllen und danach mit Ginger Ale auffüllen. Garnieren Sie die Gläser mit frischer Minze und servieren Sie sie sofort.

BELEBENDER HUGO

Zutaten für 4 Gläser:

350 ml Ginger Ale
70 ml Holunderblütensirup
Saft von zwei Limetten
1 Bio-Limette
1 Bio-Zitrone
3 frische Zweige Minze
400 ml kaltes Mineralwasser
ein paar Eiswürfel

Zubereitung:

1. Mischen Sie zunächst den Ginger Ale, den Sirup und den frischen Limettensaft. Geben Sie im Anschluss die frischen Zweige Minze dazu und füllen Sie das Ganze mit dem kalten Mineralwasser auf.

2. Waschen Sie nun die Bio-Limette heiß ab und tupfen Sie sie trocken. Nun in Scheiben schneiden und halbieren. Lassen Sie vier Scheiben übrig und geben Sie die anderen Scheiben zu den restlichen Zutaten.

3. Füllen Sie nun vier große Gläser bis zur Hälfte mit Eiswürfeln oder auch Crushed Ice und gießen Sie die Gläser mit dem alkoholfreien Hugo auf. Jedes Glas wird dann noch mit einer Limettenscheibe garniert.

PRICKELNDER MOJITO MIT FRISCHER MANGO

Zutaten für 2 Gläser:

1 reife Mango
1 frische Limette
1 halbes Bund frische Minze
0,5 l kaltes Mineralwasser
ein paar Eiswürfel

Zubereitung:

1. Schälen Sie zunächst die reife Mango und schneiden Sie vorsichtig das Fruchtfleisch vom Kern.

2. Halbieren Sie danach die Limette und pressen Sie den frischen Saft aus.

3. Anschließend wird das Fruchtfleisch der Mango, der Saft der Limette und etwa 12 Blätter Minze mit einem Standmixer fein püriert. Sie können auch einen Stab verwenden.

4. Verteilen Sie die Mischung nun auf zwei Gläser und gießen Sie je etwa 200 ml kaltes Mineralwasser dazu.

5. Zum Schluss werden in jedes Glas ein paar Eiswürfel gegeben. Garnieren Sie die Cocktails nach Belieben mit einem frischen Zweig Minze.

KÖSTLICHES TONIC MIT KIRSCHE UND APFEL

Zutaten für 1 Glas:

100 ml Tonic Water
50 ml Apfelsaft
100 ml Sauerkirschnektar
1 Spritzer frische Limette
2 frische Zweige Minze

Zubereitung:

1. Füllen Sie im ersten Schritt einen Shaker mit dem Kirschnektar. Geben Sie ein paar Eiswürfel dazu und zerkleinern Sie die Minze. Das Ganze wird nun für etwa 10 Sekunden kräftig geschüttelt.

2. Füllen Sie den Inhalt vom Shaker nun durch ein Sieb in ein passendes Glas. Anschließend wird das Glas mit Tonic Water und dem Apfelsaft aufgefüllt. Dann kommen nach Belieben noch frische Spritzer Limettensaft dazu.

3. Für die Dekoration kann etwas frische Minze verwendet werden.

HERBSTLICHER HAGEBUTTEN-COCKTAIL

Zutaten für 4 Gläser:

4 Beutel Hagebuttentee
2 EL Vanillesirup
2 EL Haselnusssirup
4 TL Zitronensaft
60 cl Ginger Ale
4 Vanilleschoten

Zubereitung:

1. Kochen Sie zuerst 400 ml in einem Wasserkocher auf und gießen es dann über die Teebeutel. Lassen Sie das Ganze für etwa 7 Minuten ziehen. Danach die Teebeutel entfernen und den Tee abkühlen lassen.

2. Verrühren Sie anschließend den Vanillesirup mit dem Haselnusssirup. Geben Sie den Zitronensaft und den Tee dazu.

3. Verwenden Sie am besten größere Gläser (etwa 0,3 l). Füllen Sie diese dann mit Eiswürfeln und geben Sie den fertigen Cocktail gleichmäßig hinein. Füllen Sie jedes Glas mit etwas Ginger Ale auf.

4. Dekorieren Sie den Cocktail mit ganzen Vanilleschoten.

LECKERER SAN FRANCISCO

Zutaten für 1 Glas:

7 cl Ananassaft
2 cl Grenadine
7 cl Maracujasaft
1 Spritzer frischer Orangensaft
3 cl Zitronensaft
Eis

Zubereitung:

1. Füllen Sie einen Shaker mit dem Zitronensaft, dem Orangensaft und dem Maracujasaft. Geben Sie Eiswürfel oder Crushed Ice dazu und schütteln Sie das Ganze gründlich durch.

2. Füllen Sie ein großes Cocktailglas mit Eis und schütten Sie den Cocktail darüber.

3. Lassen Sie anschließend die Grenadine hineinfließen, damit eine schöne Farbe entsteht.

4. Befestigen Sie für die Dekoration eine Orangenscheibe am Rand des Glases und genießen Sie den San Francisco sofort.

TROPICAL-COCKTAIL MIT FRISCHER ANANAS

Zutaten für 2 Gläser:

1 Ananas
3 Stängel frische Minze
200 ml frischer oder gekaufter Orangensaft
400 ml Mango-Maracuja-Saft
200 ml Ananassaft

Zubereitung:

1. Schneiden Sie zunächst die Enden der Ananas ab. Anschließend schälen und in Viertel schneiden. Entfernen Sie den Strunk der Frucht und schneiden Sie sie in kleine Stücke.

2. Nun die Minze waschen, trockentupfen und die Blättchen gemeinsam mit der Ananas auf Spieße stecken.

3. Vermengen Sie die Säfte miteinander und füllen Sie die Gläser mit Eiswürfeln. Dekorieren Sie den fertigen Cocktail mit Ananas-Minze-Spießen.

WALDMEISTER COCKTAIL FÜR KINDER

Zutaten für 4 Gläser:

4 EL Waldmeistersirup
0,8 l kaltes Mineralwasser
0,8 l kalter Apfelsaft
etwas Crushed Ice
Brausepulver in verschiedenen Farben

Zubereitung:

1. Füllen Sie in eine große Flasche das Mineralwasser und geben Sie anschließend den Sirup dazu.

2. Füllen Sie dann einen Unterteller mit Wasser und geben Sie das unterschiedliche Brausepulver auf andere Unterteller.

3. Nun werden die Ränder der Gläser erst in das Wasser gehalten und anschließend in die verschiedenen Farben gedrückt, sodass ein schöner Rand entsteht.

4. Die Gläser werden danach zur Hälfte mit Crushed Ice gefüllt. Jetzt 150 ml Apfelsaft darübergeben und mit der Waldmeister-Mineralwassermischung auffüllen. Servieren Sie die Cocktails mit bunten Strohhalmen.

FRUCHTIGER MULTI COLADA

Zutaten für 2 - 4 Gläser:

1 Granatapfel
3 unbehandelte Limetten
1 Baby-Ananas
750 ml Vitaminsaft
160 ml Kokosmilch

Zubereitung:

1. Halbieren Sie im ersten Schritt den Granatapfel und entfernen Sie die Kerne mit einem Löffel.

2. Nun eine Limette heiß abwaschen, trocknen lassen und in 8 Scheiben schneiden.

3. Danach wird die Ananas geschält und längs in Viertel geschnitten. Achten Sie darauf, dass Sie die Blätter vorsichtig durchtrennen. Entfernen Sie den Strunk der Frucht.

4. Halbieren Sie die restlichen Limetten.

5. Nun den Saft von einer Limette, den Vitaminsaft und die Kokosmilch in einen Shaker geben und gründlich mixen.

6. Anschließend 4 EL Granatapfelkerne und 4 Limettenscheiben auf je 2 Gläser aufteilen und mit dem Drink auffüllen. Je nach Größe der Gläser können Sie diesen Vorgang mit zwei weiteren Gläsern wiederholen.

7. Dekorieren Sie die Gläser mit der geschnittenen Ananas.

MANGO-COCKTAIL MIT HOLUNDER

Zutaten für 1 Glas:

100 g Mangopüree
2 EL Holunderblütensirup
½ TL Kreuzkümmelsamen
100 g Zucker
50 ml Apfelessig
kaltes Mineralwasser
ein paar Eiswürfel

Zubereitung:

1. Schneiden Sie 100 g Mango von der Frucht ab und geben Sie sie in einen Mixer oder pürieren Sie sie mit einem Stab.

2. Geben Sie das Püree gemeinsam mit den anderen Zutaten, außer dem Wasser und den Eiswürfeln, in einen Topf.

3. Lassen Sie das Ganze aufkochen und dann für etwa 10 Minuten köcheln, bis sich der Zucker aufgelöst hat. Am Ende entsteht ein Sirup.

4. Mischen Sie nun etwa 2 - 3 EL Sirup mit dem Mineralwasser und den Eiswürfeln.

SÜßER MANGO-INGWER-COCKTAIL

Zutaten für 6 Gläser:

1 reife Mango
2 EL Holunderblütensirup
1 EL Zucker
5 cm Ingwerknolle
ein paar Eiswürfel
kaltes Mineralwasser

Zubereitung:

1. Stechen Sie im ersten Schritt mit einem kleinen Löffel oder mit einem Melonenausstecher kleine Kügelchen aus der Mango aus.

2. Schälen Sie dann die Ingwer und schneiden Sie sie in sehr feine Streifen.

3. Anschließend ca. 1 l Wasser mit dem Holunderblütensirup und dem Zucker in Gläser füllen.

4. Richten Sie das Ganze mit der Mango und dem Ingwer schön an. Abschließend werden die Gläser noch mit Mineralwasser und Eiswürfeln aufgefüllt.

FARBIGER COCKTAIL MIT KIWI

Zutaten für 2 Gläser:

2 frische Kiwis
3 EL Orangensaft
3 EL Instant Haferflocken
2 frische Pfirsiche
150 g Kirschen aus dem Glas

Zubereitung:

1. Zuerst die Kiwis schälen und in kleine Stücke schneiden. Danach mit Orangensaft und mit 1 EL Instant-Haferflocken gemeinsam pürieren. Geben Sie die Mischung dann in 2 große Gläser.

2. Häuten Sie anschließend die Pfirsiche und zerkleinern Sie sie. Pürieren Sie auch diese mit 1 EL Haferflocken. Nun geben Sie die Masse auf die Kiwimischung.

3. Zunächst werden noch die Kirschen mit Haferflocken püriert. Diese dann auf die Pfirsiche geben, sodass am Ende drei schöne Schichten entstehen. Sofort servieren.

CHAI BUBBLE TEA LATTE

Zutaten für 1 Glas:

2 Päckchen Chai Tea
etwas Zimt
ein wenig Mandelsirup
Sojamilch
Tapioca Perlen

Zubereitung:

1. Zunächst die Sojamilch mit dem Chai Tea vermischen.

2. Danach etwas Zimt und Mandelsirup dazugeben.

3. Geben Sie anschließend die Tapioka Perlen dazu und genießen Sie das Getränk.

BOOSTER-COCKTAIL MIT HAGEBUTTE

Zutaten für 1 Glas:

200 ml abgekühlter Hagebuttentee
200 ml Kirschsaft
Saft einer halben Zitrone
etwas Schalenabrieb einer unbehandelten Zitrone
1 TL Apfeldicksaft

Zubereitung:

1. Kochen Sie zunächst 200 ml Wasser auf und geben Sie ein paar Teebeutel mit Hagebuttengeschmack dazu. Geben Sie bereits jetzt den Apfeldicksaft hinein, damit er sich gut auflöst. Dann ziehen lassen und warten, bis der Tee kalt geworden ist.

2. Nun geben Sie alle Zutaten in einen Shaker und schütteln alles gründlich durch.

3. Füllen Sie den fertigen Cocktail abschließend in Gläser und dekorieren Sie diese mit frischem Obst und geben die Eiswürfel dazu.

LECKERER BEEREN-COCKTAIL

Zutaten für 4 Gläser:

350 g Beerenmischung
1 Apfel
1 Birne
1 Banane
0,8 l Molke
80 g Honig

Zubereitung:

1. Zunächst werden alle Beeren gewaschen. Anschließend einige schöne Beeren für die Dekoration zurücklegen. Diese Beeren dann auf Spieße stecken und zugedeckt an die Seite stellen.

2. Vierteln Sie die Banane und schneiden Sie auch den Apfel und die Birne in kleinere Stücke.

3. Nun alle Früchte in den Mixer geben. Dann die Molke und den Honig hinzugeben. Danach wird der Cocktail durch ein Sieb in Cocktailgläser gegeben.

4. Anschließend noch mit den Beerenspießen garnieren und mit einem Strohhalm servieren.

FRISCHER FITNESS-PINA COLADA

Zutaten für 1 Glas:

200 g Ananas (frisch oder aus der Dose)
30 g Proteinpulver im Vanille- oder Kokosgeschmack
1 TL Honig
1 EL Kokosraspeln
200 ml Kokosmilch von Alpro
200 ml Wasser
nach Wunsch etwas Eis

Zubereitung:

1. Geben Sie zunächst die Kokosmilch, das Wasser und den Honig in einen Mixer. Danach kommen die Kokosraspeln, das Proteinpulver und die Ananas dazu.

2. Stecken Sie ein paar Ananasstückchen zur Dekoration auf einen Spieß und stecken Sie diesen in ein Glas.

3. Anschließend wird der Cocktail dazugegeben. Nach Wunsch noch ein paar Eiswürfel hinzufügen.

HIGH PROTEIN SMOOTHIE COCKTAIL

Zutaten für 2 Gläser:

200 g frische Ananas
150 g Magerquark
150 g Joghurt (0,1 % Fett)
100 ml Kokosmilch light
10 g Kokosflocken
1 frische Zitrone
nach Belieben etwas Eis

Zubereitung:

1. Schälen Sie im ersten Schritt die Ananas und schneiden Sie ca. 200 g davon ab. Danach in kleine Stücke schneiden.

2. Nun werden die Stücke mit etwas Saft der Zitrone in einen Mixer gegeben. Kurz pürieren und dann noch die anderen Zutaten hinzufügen.

3. Den fertigen High Protein Smoothie Cocktail in zwei große Gläser gießen und nach Belieben noch Eis dazugeben.

BLAUBEER-BANANEN-COCKTAIL

Zutaten für 2 Gläser:

2 sehr reife Bananen
350 g Blaubeeren
20 cl Milch
2 Kugeln Vanilleeis
20 g brauner Zucker
etwas frischer Zitronensaft

Zubereitung:

1. Geben Sie zunächst alle Zutaten, bis auf das Eis, in einen Mixer und pürieren Sie alles fein.

2. Füllen Sie den Cocktail anschließend in zwei große Gläser und geben Sie je eine Kugel Eis dazu.
Garnieren Sie die Getränke mit ein paar Blaubeeren und servieren Sie sie mit einem Löffel.

GRÜNER SMOOTHIE COCKTAIL

Zutaten für 1 Glas:

1 Tasse Spinat oder Grünkohl (am besten gefroren)
2 Tassen mit verschiedenen Früchten
1 Tasse Wasser
1 Tasse Orangensaft
1 Tasse Mandelmilch
nach Belieben Gewürze wie z.B. Zimt oder Kurkuma

Zubereitung:

1. Verwenden Sie am besten einen Standmixer.

2. Füllen Sie zuerst die flüssigen Zutaten in den Mixer und anschließend den Spinat und die verschiedenen Früchte.

3. Geben Sie nach Belieben noch Gewürze dazu und mixen Sie dann alles sehr fein.

4. Anschließend in ein großes Glas füllen und nach Belieben noch etwas Eis hinzufügen.

EINFACHER ERDBEER-COCKTAIL

Zutaten für 1 Glas:

Erdbeeren nach Belieben
1 Zitrone
kaltes Mineralwasser zum Auffüllen
ein paar Eiswürfel

Zubereitung:

1. Pressen Sie die Hälfte der Zitrone aus und geben Sie den Saft direkt in ein Glas.

2. Füllen Sie nach Belieben ein paar Eiswürfel hinzu.

3. Schneiden Sie den Rest der Zitrone in kleine Stückchen und geben Sie sie in das Glas.

4. Nun die Erdbeeren kleinschneiden und dazugeben. Drücken Sie den Saft mit einem Stab ein wenig aus.

5. Füllen Sie das Ganze mit dem kalten Wasser auf. Garnieren Sie den Rand des Glases mit einer Erdbeere.

KÖSTLICHER ERDBEER-COCKTAIL MIT MANDARINE

Zutaten für 1 Glas:

1 Zitrone
eine Handvoll Erdbeeren
2 Mandarinen
Rosmarinsirup, je nach gewünschter Süße
frische Minze
etwas Eis
kaltes Wasser mit oder ohne Kohlensäure

Zubereitung:

1. Geben Sie zunächst die Erdbeeren und die Mandarinen in einen Standmixer und verarbeiten Sie sie zu einem Püree.

2. Füllen Sie etwas Eis in ein Glas und geben Sie das Püree dazu.

3. Anschließend wird das Glas mit Wasser aufgefüllt. Füllen Sie dann etwas Sirup für die Süße dazu.

4. Nun kommt noch ein Spritzer frische Zitrone dazu.

5. Das Glas kann nach Wunsch mit frischer Minze verziert werden.

AROMATISCHE HUGO-BOWLE MIT ERDBEEREN

Zutaten für 1 Bowle:

500 g Erdbeeren
100 ml Holundergetränk
4 EL frischer Limettensaft
2 Limetten
10 Zweige frische Minze
0,5 l kaltes Wasser mit Kohlensäure
1 Flasche Limonade im Geschmack „Apfel- Holunderblüte"
Für die Eiswürfel:
½ Flasche Limonade im Geschmack „Apfel-Holunderblüte"
½ Flasche Limonade im Geschmack „Apfel-Rhabarber"

Zubereitung:

1. Füllen Sie die beiden Limonaden in Eiswürfelformen. Anschließend in das Gefrierfach geben, bis sie gefroren sind.

2. Waschen Sie jetzt die Erdbeeren, putzen Sie sie und schneiden Sie sie in kleine Würfel.

3. Danach werden die Würfel mit dem Holundergetränk und mit dem Limettensaft vermischt. Anschließend für 30 Minuten in den Kühlschrank stellen und ziehen lassen.

4. Schneiden Sie die zwei Limetten in feine Scheiben. Anschließend die Limettenscheiben und die frische Minze in ein großes Gefäß geben.

5. Nun mit kaltem Mineralwasser und der Limonade auffüllen. Es geht auch mit trockenem Sekt, falls Alkohol erwünscht ist.

6. Vor dem Servieren noch ein paar der selbstgemachten Eiswürfel in die Bowle geben.

SOMMERLICHER FLAMINGO-COCKTAIL

Zutaten für 2 Gläser:

12 cl Orangensaft
2 cl Maracujasaft
2 cl frischer Zitronensaft
2 cl Grenadine
2 cl Mandelsirup
2 cl Grapefruitsaft
ein paar Eiswürfel
ein paar Zitronenscheiben

Zubereitung:

1. Zunächst den Orangensaft, den Maracujasaft, den frischen Zitronensaft, die Grenadine, den Mandelsirup und den Grapefruitsaft in einem Shaker miteinander vermischen.

2. Füllen Sie die Eiswürfel und die Zitronenscheiben anschließend in zwei Gläser.

3. Danach den Drink dazugeben und sofort servieren.

HAWAIIANISCHER LAVA FLOW COCKTAIL

Zutaten für 1 Glas:
4 - 5 frische Erdbeeren
6 cl Ananassaft
6 cl Sahne
ein Schuss Kokossirup
etwas Crushed Ice

Zubereitung:
1. Zunächst die Erdbeeren waschen und von den Blättern befreien. Anschließend mit einem Stabmixer pürieren. Bei gefrorenen Erdbeeren sollte noch etwas Vanillezucker hinzugegeben werden.

2. Füllen Sie ein Glas zu einem Drittel mit dem Erdbeerpüree.

3. Nun Crushed Ice, den Ananassaft, die Sahne und den Kokossirup in einen Shaker geben und kräftig schütteln. Solange schütteln, bis die Sahne schaumig ist.

4. Anschließend wird die Sahne aus dem Shaker auf das Erdbeerpüree gegeben.

5. Verrühren Sie die Sahne und das Püree von unten nach oben, sodass ein schönes Muster entsteht.

6. Nach Belieben noch eine Erdbeere auf den Rand stecken zur Verzierung.

FITNESS-COCKTAIL MIT FRISCHEN FRÜCHTEN

Zutaten für 1 große Karaffe:

5 - 6 Eiswürfel
4 Scheiben Zitrone
eine Handvoll Himbeeren
kaltes Mineralwasser zum Auffüllen
einen Spritzer Zitronensaft
ein Spritzer Himbeersirup

Zubereitung:

1. Füllen Sie zunächst die Eiswürfel in die Karaffe.

2. Schneiden Sie 4 Scheiben von einer Zitrone ab und geben Sie sie dazu.

3. Dann noch eine Handvoll Himbeeren dazugeben und anschließend mit dem Wasser auffüllen.

4. Geben Sie einen Spritzer frische Zitrone und etwas Himbeersirup je nach Süße hinzu.

5. Alles einmal gut verrühren und ein paar Minuten ziehen lassen.

6. Füllen Sic den Cocktail dann in größere Gläser zum Servieren.

APFEL-COCKTAIL MIT CRANBERRYSAFT

Zutaten für 2 Gläser:

50 g frische Himbeeren
75 ml Holunderblütensirup
200 ml Cranberrysaft
250 ml Apfelsaft
ein paar Eiswürfel
1 frische Limette

Zubereitung:

1. Pürieren Sie die Himbeeren mit einem Stab oder einfach mit einer Gabel.

2. Anschließend geben Sie den Apfelsaft, den Holunderblütensirup und den Cranberrysaft in einen Shaker. Füllen Sie ebenso etwa 1/3 des Himbeerpürees dazu. Nun gründlich für ein paar Sekunden schütteln.

3. Geben Sie nun Eiswürfel und das restliche Püree in zwei hohe Gläser. Mischen Sie alles mit dem Inhalt des Shakers. Dekorieren Sie dann beide Gläser mit einer Limettenscheibe.

HAPPY-COCKTAIL MIT MARACUJA

Zutaten für 1 Glas:

200 ml kaltes alkoholfreies Bier
100 ml kalter Maracujasaft
1 - 2 TL kalter Zitronensaft oder Limettensaft
etwas Crushed Ice
2 cl Zitronensaft
Grenadine

Zubereitung:

1. Füllen Sie ein Glas mit dem Bier, dem Maracujasaft und dem Limettensaft. Vermischen Sie alles mit einem Löffel. Geben Sie danach das Crushed Ice hinein.

2. Lassen Sie etwas Sirup – je nach gewünschter Süße – am Rand in das Glas laufen.

3. Garnieren Sie den Cocktail mit frischen Zitronenscheiben und servieren Sie den Drink sofort.

LIEBLICHER RIO-COCKTAIL

Zutaten für 1 Glas:

eine halbe Tasse Orangensaft
eine halbe Tasse Limonade
1 EL Grenadine
3 Scheiben frische Limette
etwas Eis

Zubereitung:

1. Füllen Sie zunächst etwas Eis in Ihr Glas.

2. Geben Sie dann den Orangensaft und die Limonade in einen Shaker. Mixen Sie die Zutaten für etwa 15 Sekunden gut durch.

3. Anschließend wird das Glas mit Eis mit dem Cocktail aufgegossen.

4. Lassen Sie danach langsam die Grenadine am Rand des Glases hineinfließen.

5. Garnieren Sie den Rio-Cocktail noch mit frischen Limettenscheiben und geben Sie nach Belieben noch mehr Eis dazu.

ERFRISCHENDER SODA-COCKTAIL FÜR DEN SOMMER

Zutaten für 1 Glas:

Saft einer halben Limette
ein paar Limettenscheiben
etwas Mandelsirup
etwas Grenadinesirup
Mineralwasser zum Auffüllen
1 frischer Zweig Rosmarin
Granatapfelkerne
ein paar große Eiswürfel

Zubereitung:

1. Pressen Sie zunächst den Saft einer halben Limette aus.

2. Schneiden Sie den Rest der Limette in feine Scheiben.

3. Anschließend bereiten Sie ein Glas mit ein paar großen Eiswürfeln vor.

4. Geben Sie den Limettensaft hinein und stecken Sie einen Zweig Rosmarin hinein.

5. Nun die Granatapfelkerne in das Glas geben und alles mit genügend kaltem Mineralwasser aufgießen.

6. Fügen Sie im Anschluss Sirup nach gewünschter Süße hinzu.

7. Zum Schluss wird das erfrischende Getränk noch mit frischen Limettenscheiben verziert.

SÜßLICHER COCKTAIL MIT LIMETTE

Zutaten für 1 Glas:

10 - 12 frische Minzblätter
Saft von einer Limette
1 EL Zucker
12 cl kaltes Mineralwasser
1 frische Scheibe Zitrone oder Limette

Zubereitung:

1. Schneiden Sie zunächst eine oder mehrere Scheiben einer Limette ab und füllen Sie diese in ein Glas.

2. Geben Sie frische Blätter der Minze hinzu und zerdrücken Sie die Limettenscheiben ein wenig.

3. Anschließend den Saft der Limette auspressen und hinzufügen.

4. Nun noch den Zucker dazugeben – nach Belieben auch etwas mehr.

5. Füllen Sie das Getränk mit Mineralwasser auf und genießen Sie es sofort.

FRUCHTIGER MANGO LASSI COCKTAIL

Zutaten für 1 Glas:

250 g Naturjoghurt (1,5 % Fett)
150 ml Milch
1 reife Mango
1 TL Zitronensaft
1 TL Rosenwasser
nach Belieben etwas Zucker
etwas Eis nach Wunsch
1 Zweig frische Minze für die Dekoration

Zubereitung:

1. Schälen Sie zuerst die Mango und schneiden Sie sie in kleine Würfel.

2. Anschließend werden die kleinen Würfel in einen Mixer gegeben.

3. Füllen Sie die anderen Zutaten dazu und mixen Sie alles sehr fein.

4. Nach Wunsch nun etwas Eis in das Glas geben und den Cocktail dazugeben. Nach Belieben mit etwas frischer Minze garnieren.

PINK BLUEBERRY LEMONADE COCKTAIL

Zutaten für 1 große Kanne:

1 Tasse Wasser
1 Tasse Zucker
1 Tasse Zitronensaft
1 Tasse Blaubeersaft
2 TL Abrieb einer unbehandelten Zitrone
8 Tassen Crushed Ice
mehrere Scheiben Zitrone

Zubereitung:

1. Nehmen Sie einen Shaker und geben Sie alle Zutaten hinein, bis auf die Zitronenscheiben.

2. Zunächst alles kräftig für mehrere Sekunden schütteln.

3. Schütten Sie das Getränk in eine große Kanne oder in ein anderes Gefäß und verteilen Sie ein paar Zitronenscheiben darin. Fügen Sie noch Crushed Ice nach Belieben hinzu und servieren Sie den leckeren Drink sofort.

LECKERER HIMBEER-COCKTAIL MIT ORANGENBLÜTEN

Zutaten für 2 Gläser:

200 g Himbeeren
1 frische Limette
70 cl Wasser mit oder ohne Kohlensäure
100 g Rohrzucker
ein paar frische Minzblätter
1 TL Orangenblütenwasser

Zubereitung:

1. Schneiden Sie die Limette zunächst in kleine Stücke und geben Sie sie in einen Behälter.

2. Fügen Sie die Himbeeren hinzu und zerdrücken Sie die Früchte ein wenig, sodass Saft austritt.

3. Anschließend wird der Rohrzucker dazugegeben und dann die frischen Minzblätter.

4. Füllen Sie alles mit kaltem Mineralwasser auf und geben Sie noch 1 TL Orangenblütenwasser dazu. Verrühren Sie alles noch einmal und dann kann das erfrischende Getränk serviert werden.

FRISCHER VIRGIN MANGO COLADA

Zutaten für 1 Glas:

200 ml fettarme Kokosmilch
150 ml Wasser
300 g gefrorene Mangowürfel
2 gelbe Pfirsiche
1 TL Kurkuma
1 kleines Stückchen Ingwer
1 Prise Cayennepfeffer
Saft einer Orange
1 TL Ahornsirup

Zubereitung:

1. Schälen Sie zuerst die Pfirsiche und den Ingwer.

2. Füllen Sie die Mango, die Pfirsiche, den Ingwer und alle anderen Zutaten in einen Standmixer und pürieren Sie alles cremig.

3. Nun den Rand eines Glases in Wasser tauchen und anschließend in eine Schüssel mit Kokosraspeln stecken. Dadurch entsteht ein schöner weißer Kokosrand am Glas.

4. Das Getränk dann in das Glas füllen und mit etwas Mango verzieren.

ZUCKERFREIER BEEREN-COCKTAIL MIT WASSERMELONE

Zutaten für 2 Gläser:

50 g Himbeeren
100 g Erdbeeren
300 g Wassermelone
1 halbe unbehandelte Limette
1 Handvoll Eiswürfel
200 ml kaltes Mineralwasser
1 Handvoll frische Zitronenmelisse

Zubereitung:

1. Zunächst die Himbeeren und die Erdbeeren pürieren. Danach durch ein Sieb streichen, damit die Kerne entfernt werden.

2. Die Wassermelone wird kleingeschnitten und zum Beeren-Püree hinzugegeben.

3. Die Limette dann ausdrücken und alles nochmals ordentlich pürieren.

4. Bis es serviert wird, in den Kühlschrank stellen.

5. Beim Servieren jedes Glas 1/3 mit der Mischung füllen. Dann Mineralwasser hinzugeben und ein paar Eiswürfel hineingeben.

6. Die Gläser können nach Belieben mit frischen Beeren und etwas Melisse angerichtet werden. Eine Erdbeere wird auf den Rand gesteckt.

DURSTLÖSCHENDER CRODINO INGWER TONIC

Zutaten für 1 Glas:

4 cl Ingwersirup
2 cl frischer Limettensaft
100 ml Orangensaft
100 ml Crodino
100 ml Tonic Water
2 Zweige frische Minze
2 Limettenscheiben zum Garnieren
etwas Crushed Ice

Zubereitung:

1. Als Erstes den Ingwersirup, den Limettensaft und den Orangensaft in einen Shaker geben und gut vermischen.

2. Dann noch den Crodino hinzufügen und einmal kurz umrühren.

3. Nun zwei große Gläser mit Crushed Ice füllen und die Mischung auf die Gläser aufteilen.

4. Beide Gläser mit je 50 ml Tonic Water aufgießen und kurz umrühren.

5. Dann mit einem Zweig frischer Minze und einer Limettenscheibe garniert servieren.

MANGO-COCKTAIL MIT FRISCHER MINZE

Zutaten für 2 Gläser:

¼ Mango
8 frische Blätter Minze
1/3 Limette
3 EL brauner Zucker
6 Eiswürfel
kaltes Mineralwasser zum Aufgießen

Zubereitung:

1. Schneiden Sie die Mango in kleine Stückchen und geben Sie diese in einen Mixer. Pürieren Sie die Frucht zu einem feinen Brei.

2. Geben Sie das Püree nun mit dem Mineralwasser und dem Zucker in einen Shaker und schütteln Sie alles gut.

3. Zunächst wird die Flüssigkeit in etwa zwei Gläser gefüllt.

4. Schneiden Sie die Limette klein und geben Sie diese dazu.

5. Nach Belieben noch ein paar Eiswürfel hinzufügen und genießen.

BUNTE FRUCHTBOWLE

Zutaten für 1 Glas:

3 l Sprudelwasser
2 Orangen
1 Apfel
gefrorene Himbeeren
ein paar Eiswürfel

Zubereitung:

1. Zuerst werden die Orangen in Ringe und der Apfel in Stücke geschnitten.

2. Nun das Sprudelwasser in ein großes Gefäß füllen und das geschnittene Obst mit den gefrorenen Himbeeren hinzugeben.

3. Geben Sie nach Belieben noch etwas Eis dazu.

4. Lassen Sie die Bowle gekühlt ein paar Stunden ziehen, bis sich das Wasser etwas rosa gefärbt hat.

KOKOSNUSS-JOGHURT-COCKTAIL

Zutaten für 1 Glas:

1 Becher süßer Naturjoghurt
½ Becher Kokosmilch
2 EL Kokospulver

Zubereitung:

1. Geben Sie alle Zutaten in einen Shaker und schütteln Sie sie gut durch.

2. Anschließend in ein passendes Glas füllen und nach Belieben mit etwas Kokospulver garnieren.

3. Je nach Konsistenz ist der Cocktail besser mit einem Löffel zu genießen.

SILVESTER-COCKTAIL MIT ERDBEERSAFT

Zutaten für 1 Glas:

2 cl Mangosaft
4 cl Maracujasaft
4 cl Orangensaft
3 cl Erdbeersaft
3 Eiswürfel
1 ½ cl Kokossirup
1 Scheibe Zitrone

Zubereitung:

1. Füllen Sie zunächst alle Zutaten gemeinsam mit den Eiswürfeln in einen Shaker. Schütteln Sie alles gründlich – am besten eine Minute.

2. Danach füllen Sie den Cocktail in ein passendes Glas.

3. Dekorieren Sie den Cocktail mit einer Zitronenscheibe und nach Belieben mit einem Lametta-Fähnchen.

APFEL-KIRSCH-TONIC

Zutaten für 1 Glas:

2 cl Tonic Water
1 cl Apfelsaft
2 cl Sauerkirschnektar
1 Spritzer Limette
2 Zweige frische Minze

Zubereitung:

1. Füllen Sie zuerst einen Shaker mit dem Kirschnektar. Geben Sie dann ein paar Eiswürfel und die Minze dazu und schütteln Sie das Ganze für etwa 10 Sekunden.

2. Danach wird das Ganze in ein großes Glas gegeben. Füllen Sie es mit Tonic Water, dem Apfelsaft und dem Spritzer Limette auf.

3. Geben Sie abschließend zur Dekoration noch ein bisschen Minze in das Glas.

KNALLIGER PRIMAVERA

Zutaten für 1 Glas:

1 cl Zitronensaft
4 cl Orangensaft
4 cl Maracujasaft
4 cl Grapefruitsaft
2 cl Grenadine
2 Cocktailkirschen
1 Orangenscheibe
Crushed Ice oder Eis

Zubereitung:

1. Im ersten Schritt werden der Grapfruitsaft, der Orangensaft und der Zitronensaft vermischt. Füllen Sie dann die Grenadine und den Maracujasaft hinzu und vermischen Sie alles nochmals in einem Shaker.

2. Mischen Sie noch etwas Eis oder Crushed Ice dazu.

3. Füllen Sie nun nach Belieben ein paar Eiswürfel in ein Glas und geben Sie den gemischten Cocktail dazu.

4. Den Primavera dann mit einem Trinkhalm, mit einer frischen Orangenscheibe und den Cocktailkirschen garnieren.

LECKERER BIRNEN-COCKTAIL

Zutaten für 1 Glas:

für den Rosmarinsirup:
100 g Kristallzucker
100 ml Wasser
2 Zweige Rosmarin
Für den Cocktail:
3 cl Birnensaft
1 cl Rosmarinsirup
8 cl Tonic Water
1 Birne
etwas Zimtrinde
Sternanis
frischer Thymian

Zubereitung:

1. Zunächst bereiten wir einen leckeren Rosmarinsirup zu. Geben Sie alle Zutaten für den Sirup in einen Topf und lassen Sie diese aufkochen.

2. Der Zucker sollte sich komplett aufgelöst haben. Ziehen Sie dann den Topf zur Seite und lassen Sie den Sirup auskühlen.

3. Entfernen Sie danach die Rosmarinzweige und gießen Sie den selbstgemachten Sirup durch einen Kaffeefilter. Geben Sie nun ein paar Eiswürfel in ein Glas.

4. Nun den Rosmarinsirup und den Birnensaft hinzugeben und alles miteinander verrühren. Danach mit Tonic Water aufgießen.

5. Waschen Sie eine Birne und schneiden Sie sie in Scheiben. Eine Scheibe in das Glas geben.

6. Anschließend mit einer Zimtrinde, Sternanis und einem frisch gezupften

Thymianblatt servieren.

VITAMIN-COCKTAIL MIT SANDDORN

Zutaten für 1 Glas:

50 ml Sanddornsaft
200 ml Birnensaft
Saft einer halben unbehandelten Zitrone
etwas Schalenabrieb der Zitrone
1 EL Vanillezucker
1 Messerspitze bis zu ½ TL Zimt nach Belieben
1 Birne
etwas Eis

Zubereitung:

1. Zunächst die Birne in kleine Stückchen schneiden und auf einen Spieß stecken.

2. Füllen Sie etwas Eis in ein großes Glas.

3. Nun alle anderen Zutaten in einen Mixer geben und gut vermischen.

4. Anschließend den fertigen Cocktail auf das Eis gießen und mit dem Fruchtspieß garniert servieren.

BORA BORA COCKTAIL

Zutaten für 1 Glas:

4 cl Kokosnusscreme
6 cl Ananassaft
4 cl Maracujasaft
Grenadine
etwas Crushed Ice
Ananasscheiben

Zubereitung:

1. Füllen Sie ein Glas mit Crushed Ice.

2. Geben Sie alle anderen Zutaten, bis auf die Grenadine, in einen Shaker und mixen Sie kräftig.

3. Füllen Sie den gemixten Cocktail in das Glas und lassen Sie anschließend langsam die Grenadine für eine schöne Farbe hineinfließen.

4. Dekorieren Sie das Glas mit ein paar Ananasscheiben.

FRUCHTIG-CREMIGER GIN-COCKTAIL

Zutaten für 1 Glas:

100 g Himbeeren
2 TL Rohrzucker
10 cl gepresster Zitronensaft
30 cl Limonade
ein paar Eiswürfel
frische Minzblätter zum Dekorieren

Zubereitung:

1. Geben Sie zuerst ein paar Eiswürfel in ein großes Glas.

2. Anschließend den Zucker dazugeben.

3. Füllen Sie das Glas mit Limonade auf und pressen Sie frischen Zitronensaft aus. Gießen Sie diesen dazu.

4. Zuletzt wird das fertige Getränk mit frischen Minzblättern dekoriert. Dann sofort kalt genießen.

RASPBERRY-PUNCH MIT FRISCHEM ROSMARIN

Zutaten für 4 Gläser:

250 g Himbeeren
2 Stängel Rosmarin
200 ml Himbeersaft
4 TL frischer Zitronensaft
Eiswürfel oder Crushed Ice
600 ml Mineralwasser

Zubereitung:

1. Waschen Sie zunächst die frischen Himbeeren. Dann vorsichtig abtrocknen lassen. Waschen Sie ebenso den frischen Rosmarin.

2. Verteilen Sie nun 200 g Himbeeren auf die 4 Gläser und zerdrücken Sie diese, damit der Himbeersaft entsteht.

3. Nun die Rosmarinstängel in die Gläser geben und alles mit dem frischen Himbeersaft aufgießen. Danach einen Teelöffel frischen Zitronensaft dazugeben. Alles vorsichtig verrühren und mit Eis auffüllen. Das Mineralwasser abschließend dazugeben und sofort kalt genießen.

CREMIGER VIRGIN COLADA

Zutaten für 2 Gläser:

150 ml Ananassaft
50 ml Kokosmilch
25 ml Schlagsahne
1 EL Zucker
2 Scheiben Ananas
2 Cocktailkirschen
1 EL Kokosraspeln
Spieße

Zubereitung:

1. Zunächst den Ananassaft, die Kokosmilch, die Sahne und den Zucker in einen Cocktail-Shaker oder in einen anderen Mixer geben. Anschließend für etwa 15 Sekunden kräftig mixen.

2. Geben Sie Eiswürfel in die Gläser und gießen Sie den gemixten Cocktail darüber.

3. Zerteilen Sie die Ananas in kleine Stücke und stecken Sie diese und die Cocktailkirschen auf einen Holzspieß. Die Cocktails damit garnieren. Anschließend können Sie den Virgin Colada nach Belieben mit Kokosraspeln bestäuben.

EXOTISCHER SWIMMING POOL

Zutaten für 1 Glas:

2 cl Blue Curacao (alkoholfrei)
2 cl Kokossirup
2 cl Sahne
14 cl Ananassaft

Zubereitung:

1. Geben Sie alle Zutaten in einen Cocktail-Shaker oder in einen anderen Mixer. Als Alternative kann auch ein Gefäß mit Deckel verwendet werden.

2. Dann für etwa 15 Sekunden gründlich mixen. Anschließend in ein Glas geben und nach Belieben noch dekorieren.

BELEBENDER COCKTAIL MIT KAFFEE

Zutaten für 1 Glas:

doppelter Espresso (ca. 50 ml)
1 TL brauner Zucker
3 Zitronenzesten
200 ml Apfelsaft
ein paar Eiswürfel

Zubereitung:

1. Füllen Sie den Apfelsaft in ein Glas, welches nach Belieben mit Eiswürfeln gefüllt sein sollte.

2. Anschließend den Espresso zubereiten.

3. Geben Sie den fertigen Espresso dann in einen Cocktail-Shaker oder in einen Mixer. Danach den Zucker dazugeben und zusammen mit den Zitronenzesten im Shaker ordentlich mixen. Zum Schluss den Kaffee mit in das Glas geben.

BITTERSWEET-COCKTAIL MIT MINZE

Zutaten für 1 Glas:
doppelter Espresso (ca. 50 ml)
2 TL Honig oder Sirup
5 - 6 Zweige frische Minze
ein paar Eiswürfel

Zubereitung:
1. Bereiten Sie zunächst einen doppelten Espresso zu.

2. Den Espresso im Anschluss mit der Minze und mit dem Honig oder dem Sirup in einem Cocktail-Shaker gut vermischen.

3. Wenn alles gut vermengt ist, die Eiswürfel hinzugeben und alles nochmals gut schütteln.

4. Den fertigen Cocktail dann in ein passendes Glas füllen und mit ein paar frischen Minzblättern dekorieren.

Kleiner Tipp: Wenn der Geschmack etwas weicher werden soll, können Sie noch etwas Milchschaum hinzugeben.

DARK ENERGY COCKTAIL

Zutaten für 1 Glas:

1 Espresso (25 - 30 ml)
200 ml Cola
ein paar Eiswürfel

Zubereitung:

1. Füllen Sie zuerst die Cola mit den Eiswürfeln in ein größeres Glas.

2. Bereiten Sie anschließend den Espresso zu und lassen Sie diesen etwas abkühlen.

3. Nun alles gemeinsam in das Glas füllen und anschließend mit einer Zitronenscheibe dekorieren.

KÖSTLICHER PELICAN-COCKTAIL

Zutaten für 1 Glas:

2 cl frisch gepresster Zitronensaft
6 cl frisch gepresster Orangensaft
8 cl Grapefruitsaft
2 cl Maracujasaft
1 Cocktailkirsche für die Dekoration
1 Zeste von einer Bio-Grapefruit für die Dekoration
Shaker
Crushed Ice

Zubereitung:

1. Nehmen Sie einen Cocktail-Shaker und füllen Sie den Zitronensaft, den Orangensaft, den Grapefruitsaft und den Sirup hinein. Anschließend den Shaker gut verschließen und etwa 15 Sekunden gründlich schütteln.

2. Nun wird ein großes Glas etwa zur Hälfte mit Eis gefüllt. Dann wird der Inhalt vom Shaker in das Glas gegeben.

3. Dekorieren Sie den leckeren Cocktail abschließend mit einer Cocktailkirsche und der Grapefruitzeste. Dann sofort servieren.

CREMIGER APFELPUNSCH MIT SAHNE

Zutaten für 1 Liter Punsch:

1 Apfel (am besten Granny Smith)
1 l Apfelsaft
5 Nelken
1 Zimtstange
3 Anissterne
200 g Schlagsahne
1 halbe Vanilleschote
1 TL Zimt
1 EL Vanillezucker

Zubereitung:

1. Waschen Sie zunächst den Apfel und schneiden Sie ihn in Viertel. Anschließend die Kerne entfernen und dann in sehr feine Würfel schneiden.

2. Nun werden die Apfelwürfel gemeinsam mit dem Apfelsaft und den Gewürzen in einen Topf gegeben. Dann alles erhitzen und anschließend auf niedriger Stufe warmhalten.

3. Für die leckere Sahne wird die Vanilleschote ausgekratzt. Im Anschluss das Mark gemeinsam mit dem Zimt, dem Vanillezucker und der flüssigen Sahne mit einem Handrührgerät richtig steif schlagen.

4. Füllen Sie den fertigen Punsch dann in Gläser und geben Sie die winterliche Sahne darauf.

EISGEKÜHLTER COCKTAIL MIT KIRSCHEN UND ANANAS

Zutaten für 4 Gläser:

4 cl Grenadine
20 cl Kirschsaft
4 cl frischer Zitronensaft
20 cl Ananassaft
ein paar Eiswürfel
1 EL Crushed Ice
4 Scheiben einer unbehandelten Limette

Zubereitung:

1. Geben Sie alle Zutaten mit den Eiswürfeln gemeinsam in einen Shaker und schütteln Sie diese etwa 15 Sekunden kräftig durch.

2. Anschließend wird das Crushed Ice in die Gläser gegeben. Gießen Sie dann den Cocktail durch ein Sieb in die Gläser.

3. Zum Schluss werden die Gläser mit den frischen Limettenscheiben garniert.

SÜß-SAURER LONG ISLAND ICE TEA

Zutaten für 4 Gläser:

8 cl Rum
8 cl Wodka
8 cl Tequila
8 cl Orangenlikör
8 cl frischer Limettensaft
8 cl Zuckersirup
1 l Cola
ein paar Eiswürfel

Zubereitung:

1. Füllen Sie zuerst alle genannten Zutaten, außer der Cola, in einen Shaker. Geben Sie noch ein paar Eiswürfel dazu und schütteln Sie dann gut.

2. Geben Sie Eiswürfel in ein Glas, bis es voll ist und füllen Sie das Glas mit dem gemixten Cocktail auf.

3. Garnieren Sie den fertigen Cocktail nach Belieben noch mit frischen Zitronenscheiben.

LECKERER MARACUJA-MANGO-COCKTAIL

Zutaten für 1 Glas:

100 ml Sahne
200 ml gekühlter Maracuja-Mango-Nektar
50 ml Orangensaft
ein paar Eiswürfel
2 Orangenscheiben

Zubereitung:

1. Zunächst wird die Sahne mit den Säften vermischt.

2. Füllen Sie ein paar Eiswürfel in das Glas und gießen Sie die Mischung dazu.

3. Zum Schluss noch mit Orangenscheiben garnieren und kalt genießen.

WEIßER BLAUBEER-COCKTAIL

Zutaten für 4 Gläser:

11 g Weißer Tee Blaubeere
1 l Wasser
150 ml weißer Traubensaft
4 EL gefrorene Blaubeeren
8 frische Zweige Rosmarin
ein paar Eiswürfel

Zubereitung:

1. Füllen Sie den Tee in eine große Kanne mit etwa 200 ml heißem Wasser. Lassen Sie ihn dann für etwa 2 Minuten ziehen.

2. Anschließend den Tee durch ein Sieb in eine andere, mit Eiswürfeln gefüllte Kanne abgießen und mit 1 l kaltem Wasser auffüllen.

3. Füllen Sie die gefrorenen Blaubeeren in vier verschiedene Gläser und stecken Sie frische Zweige Rosmarin hinein.

4. Anschließend werden die Gläser mit dem Tee aufgefüllt und gekühlt genossen.

FRUCHTIGER LEMONADE-COCKTAIL MIT GRANATAPFEL

Zutaten für 1 Glas:

4 EL Agavendicksaft
150 ml Wasser
etwas gehackter frischer Ingwer
eine Handvoll frische Minze
Crushed Ice
200 ml Granatapfelsaft
100 ml Grapefruitsaft
Saft einer halben Limette
1 kleiner Schluck Zimtsirup
Granatapfelsirup
ein paar Granatapfelkerne
Mineralwasser zum Auffüllen

Zubereitung:

1. Geben Sie zunächst den Agavendicksaft mit Wasser und Ingwer in einen Topf und lassen Sie die Zutaten kurz aufkochen. Dann vom Herd nehmen und die frische Minze dazugeben. Lassen Sie die Mischung zugedeckt abkühlen.

2. Im Anschluss die Granatapfelkerne in ein Glas geben – so viele Kerne, bis der Boden bedeckt ist. Das Glas dann etwa ein Drittel mit Eis füllen.

3. Geben Sie nun den Granatapfelsaft, den Grapefruitsaft und den Limettensaft dazu. Verfeinern Sie den Cocktail danach noch mit etwas Zimtsirup und dem abgekühlten Sirup aus dem Topf.

4. Anschließend mit Mineralwasser auffüllen und nach Belieben mit frischer Minze und Limettenscheiben dekorieren.

JUICY BANANA COCKTAIL

Zutaten für 1 Glas:

10 cl Bananensaft
10 cl Maracujasaft
3 cl Grenadine Sirup
etwas Crushed Ice
etwa 2 Eiswürfel

Zubereitung:

1. Füllen Sie zuerst den Bananensaft, den Maracujasaft und die Grenadine in einen Cocktail-Shaker. Dann noch die Eiswürfel dazugeben und alles kräftig schütteln.

2. Nehmen Sie sich ein großes Glas und füllen Sie dieses zur Hälfte mit Crushed Ice. Danach den Cocktail einfüllen und am besten noch mit frischen Zitronenscheiben servieren und sofort kalt genießen.

ERFRISCHEND-SPRITZIGER VIRGIN GIN TONIC

Zutaten für 2 Gläser:

4 Scheiben frische Salatgurke
4 feine Scheiben Limette
2 Zweige frischer Rosmarin
2 Spritzer Limettensaft
6 EL Crushed Ice
0,5 l Tonic Water

Zubereitung:

1. Bereiten Sie zuerst die Gurkenscheiben, die Limettenscheiben und den frischen Rosmarin zu. Dann alles gleichmäßig auf die zwei Gläser verteilen.

2. Verteilen Sie nun je einen Spritzer frischen Limettensaft und das Crushed Ice auf die Gläser.

3. Im Anschluss das Tonic Water in die Gläser füllen, alles nochmals umrühren und schön gekühlt servieren.

STRAWBERRY GARDEN COCKTAIL

Zutaten für 1 Glas:

50 g frische oder gefrorene Erdbeeren
5 cl Orangensaft
1 cl Zitronensaft
ein paar Eiswürfel
etwas Rohrzucker oder Vanillezucker nach Wahl
Erdbeeren zum Dekorieren

Zubereitung:

1. Die frischen Erdbeeren zuerst waschen, vom Grün befreien und halbieren. Danach zusammen mit zwei Eiswürfeln in einen Shaker geben und alles gründlich schütteln.

2. Anschließend den Inhalt vom Shaker, den Orangensaft, den frischen Zitronensaft und nach Belieben den Zucker zusammen mit zwei Eiswürfeln in den Shaker geben und gründlich mixen.

3. Den fertigen Cocktail dann in ein großes Glas füllen und nach Belieben noch ein paar Eiswürfel oder Crushed Ice dazugeben.

4. Bei der Dekorierung können Sie Ihrer Kreativität freien Lauf lassen, z. B. können Sie die Erdbeeren kleinschneiden und auf Spieße oder die Erdbeeren auf den Glasrand stecken.

COCKTAIL FÜR DEN VALENTINSTAG MIT HOLUNDER

Zutaten für 1 Glas:

1 kleine gekühlte Flasche San Bitter
100 ml gekühltes Mineralwasser
1 Limette
etwas gekühlter Holunderblütensirup
Eiswürfel nach Belieben
Strohhalm (nach Belieben mit Herzmotiv)
Herzkonfetti

Zubereitung:

1. Zuerst die kühle Flasche San Bitter in ein größeres Weinglas schütten. Danach das kalte Mineralwasser dazugeben.

2. Schneiden Sie von der Limette 2 - 3 Scheiben ab. Der Rest der Limette wird ausgepresst und mit in das Glas gegeben.

3. Im Anschluss wird noch ein wenig Holunderblütensirup dazugegeben – der Sirup ist sehr süß, deswegen vorsichtig abschmecken!

4. Abschließend können noch ein paar Eiswürfel oder Crushed Ice dazugegeben werden. Nun kann zur Dekoration ein schöner Strohhalm verwendet werden und Herzkonfetti um die Gläser verteilt werden.

FRUCHTIGER GRANATAPFEL-COCKTAIL MIT HIMBEEREN

Zutaten für 1 Glas:

für den Sirup:
500 g frische oder gefrorene Granatapfelkerne
200 g frische oder gefrorene Himbeeren
100 ml Wasser
2 EL Erythrit
1 ½ TL Stärke plus 2 EL Wasser
Für den Cocktail:
50 ml Sirup
200 ml Mineralwasser
1 großer Eiswürfel
1 TL frischer Zitronensaft
ein paar Himbeeren
ein frischer Rosmarinzweig
etwas rosa Pfeffer

Zubereitung:

1. Zuerst die Granatapfelkerne, die Himbeeren, das Wasser und das gewählte Süßungsmittel in einen Topf geben.

2. Lassen Sie das Ganze nun ein paar Minuten auf mittlerer Hitze köcheln. Nehmen Sie den Topf vom Herd und pürieren Sie dann alles mit einem Stab.
3. Schütten Sie die pürierte Masse durch ein Sieb und fangen Sie die Flüssigkeit auf. Geben Sie die aufgefangene Flüssigkeit zurück in den Topf und bringen Sie sie bei mittlerer Hitze zum Kochen.

4. Verrühren Sie die Stärke mit dem Wasser und rühren Sie diese Mischung mit in den Topf. Kurz aufkochen lassen, bis die Flüssigkeit dicker wird.

5. Füllen Sie den Sirup zur Aufbewahrung in ein verschließbares Gefäß.

6. Füllen Sie nun ein paar Eiswürfel in ein Glas. Füllen Sie anschließend den Sirup und den Zitronensaft hinein.

7. Schütten Sie so viel Mineralwasser in das Glas, bis es voll ist.

8. Im Anschluss kann das leckere Getränk noch mit Himbeeren, einem Rosmarinzweig und rosa Pfeffer garniert werden.

BELEBENDER PFIRSICH-ROSÉ

Zutaten für 4 Gläser:

1 Pfirsich
600 ml Mumm Rosè Dry alkoholfrei
100 ml Wasser
100 g Zucker
eine halbe Zitrone
etwas kleingeschnittener Pfirsich zum Dekorieren
Eiswürfel

Zubereitung:

1. Waschen Sie zuerst die Pfirsiche. Anschließend halbieren, den Kern entfernen und in kleine Stücke schneiden.

2. Danach das Wasser gemeinsam mit dem Zucker in einem Topf zum Kochen bringen und dann die Hitze etwas reduzieren.

3. Die Pfirsichwürfel in den Topf geben und noch etwas köcheln lassen.

4. Nun die Zitrone halbieren und den Saft auspressen. Dann in den Topf geben. Nehmen Sie den Topf im Anschluss vom Herd und zerdrücken Sie die Pfirsiche leicht mit einer Gabel.

5. Decken Sie den Topf ab und lassen Sie alles für weitere 20 Minuten ziehen. Dann in ein Sieb gießen. Nach Belieben noch einen weiteren Pfirsich für die Dekoration in Spalten schneiden.

6. Den Pfirsichsirup aus dem Topf auf die Gläser verteilen und mit dem Rosè auffüllen. Nach Wunsch dekorieren und dann sofort trinken.

ERFRISCHENDER WATERMELON-GIN TONIC

Zutaten für 2 Gläser:

1 Scheibe Wassermelone (ca. 1 - 2 cm breit)
40 ml Siegfried Gin (alkoholfrei)
140 ml kaltes Tonic Water
1 Strang frische Apfelminze

Zubereitung:

1. Pürieren Sie zunächst die frische Wassermelone. Danach durch das Sieb in die beiden Gläser verteilen.

2. Von dem übrigen Fruchtfleisch etwa 2 TL in jedes Glas geben.

3. Stellen Sie die Gläser dann für etwa 5 Minuten im Kühlschrank kalt.

4. Im Anschluss pro Glas 40 ml Gin und 140 ml Tonic verwenden. Je Glas etwa 3 Eiswürfel oder etwas Crushed Ice hinzugeben und pro Glas einen Strang frische Minze hineinstecken.

SAHNIGER ORANGEN-ANANAS-COCKTAIL

Zutaten für 1 Glas:

ein paar Eiswürfel
8 cl Orangensaft
8 cl Ananassaft
2 cl Grenadine
2 cl Sahne

Zubereitung:

1. Geben Sie alle Zutaten mit ein paar Eiswürfeln in einen Shaker für Cocktails. Anschließend alles kräftig schütteln.

2. Füllen Sie Eiswürfel oder etwas Crushed Ice in ein Glas und geben Sie die gemixte Flüssigkeit durch ein Sieb in das Glas. Anschließend mit frischen Orangenscheiben oder Ananasstückchen garnieren.

KÖSTLICHER ORANGENPUNSCH

Zutaten für 1 l Punsch:

1 l Orangensaft
2 Zimtstangen
1 Nelke
1 Sternanis
200 ml Sahne
1 Päckchen Vanillezucker
1 Päckchen Sahnesteif
1 unbehandelte Orange

Zubereitung:

1. Geben Sie zuerst den Orangensaft in einen Topf. Würzen Sie den Orangensaft mit Zimt, Nelke und Sternanis. Erhitzen Sie das Ganze leicht.

2. In der Zwischenzeit wird die Sahne zubereitet. Dazu die Sahne gemeinsam mit dem Vanillezucker, dem Sahnesteif und dem Abrieb der Orange steif schlagen.

3. Füllen Sie den Punsch dann in Gläser und bedecken Sie ihn mit der cremigen Sahne. Am besten wird der Punsch schön warm serviert.

2021

ISBN: 9798705199884

1. Auflage

Kontakt: Markus Mägerle/ Am Kreisgraben 17/ 93104 Riekofen

Printed in Poland
by Amazon Fulfillment
Poland Sp. z o.o., Wrocław

73440612R00094